汽车美容装饰入门与操作技巧

冯培林 主 编
黄远雄 副主编

QICHE
MEIRONG
ZHUANGSHI
RUMEN YU CAOZUO JIQIAO

 化学工业出版社

·北京·

本书内容包括汽车美容安全防护、汽车美容装饰用品及工具设备、洗车、汽车玻璃美容、汽车玻璃贴膜、汽车外表美容装饰、汽车室内美容装饰、汽车底盘美容装饰、汽车修复性美容、汽车电子产品装饰等几个方面,并且将操作技巧穿插于内容之中,对于需要特别注意的地方采用操作注意事项提示的方式进行重点提示,部分章节最后进行了操作技巧总结。书中采用了大量图片,按步骤讲述,与实际操作接轨,方便理解和掌握。

本书适合汽车美容装饰从业人员及相关技术人员使用,也可以作为汽车美容装饰培训用书和职业院校的教材,并且也适合广大汽车车主使用。

图书在版编目(CIP)数据

汽车美容装饰入门与操作技巧/冯培林主编. —北京:化学工业出版社,2017.11(2020.8重印)
ISBN 978-7-122-30698-2

Ⅰ.①汽… Ⅱ.①冯… Ⅲ.①汽车-车辆保养
Ⅳ.①U472.2

中国版本图书馆CIP数据核字(2017)第238793号

责任编辑:韩庆利
责任校对:边 涛　　　　　　　　　　　装帧设计:史利平

出版发行:化学工业出版社(北京市东城区青年湖南街13号　邮政编码100011)
印　　装:北京虎彩文化传播有限公司
787mm×1092mm　1/16　印张15¾　字数390千字　2020年8月北京第1版第3次印刷

购书咨询:010-64518888　　　　　　售后服务:010-64518899
网　　址:http://www.cip.com.cn
凡购买本书,如有缺损质量问题,本社销售中心负责调换。

定　价:68.00元　　　　　　　　　　　　　　　　　　　　版权所有　违者必究

前言
FOREWORD

为了满足汽车美容与装饰职业入门学习的需求,我们编写了本书。本书内容系统性强,对各方面的介绍简洁明了,尽可能采用最简单的文字描述,最关键的图片表达。不管是对汽车美容的基础知识介绍和基本操作技术描述,还是对专业核心技术的表达都体现了这一特点。本书不仅重视知识和技术的介绍,还重视操作规范和安全的要求,强调个人卫生安全和环境保护,使读者从中不仅能获得知识和技术,还能树立职业卫生和安全的理念,在操作中既能熟练操作又能保证身体的健康。

本书虽从汽车美容装饰入门方面进行组织知识和操作方法,但已经包括现在汽车美容的主要项目及当前该专业的新知识、新技术、新材料、新工艺,在介绍这些项目时主要依据职业技能考核的要点和行业操作规范,重点突出操作的技巧,便于学习人员容易快速掌握所学知识和技术,从容面对职业技能的考核和职位晋升的需要。

本书介绍了汽车美容装饰工作项目的安全防护、工具和设备,重点介绍了汽车洗车与操作技巧,汽车玻璃美容装饰与操作技巧,汽车外表美容装饰与操作技巧,汽车室内美容装饰与操作技巧,汽车底盘美容装饰与操作技巧,漆面划痕修复、挡风玻璃修复、塑料件修复、皮革修复、轮毂修复、汽车大灯翻新修复等修复性美容与操作技巧,各种电子产品装饰与操作技巧。本书内容丰富,图文并茂,操作过程简单明了,实用性、可操作性强,非常适合汽车美容装饰从业人员入门学习和快速成长学习使用,也适合各职业院校、培训机构培训使用及喜好汽车美容装饰的车主参考。

本书由冯培林主编(第一章和第二章),黄远雄副主编(第九章第一至第三节)。其他参编人员有李嵩(第三章)、李静(第四章)、张俊华(第五章第一至第三节)、郭秀香(第五章第四节)、劳一民(第六章)、梁国伟(第七章)、陆润宗(第八章)和李海贤(第九章第四和第五节)。

因为时间仓促和编写人员水平有限,书中难免有不足之处,恳请读者批评指正。

编 者

第一章 汽车美容相关知识 …… 1

第一节 汽车美容概述 …… 1
一、汽车美容定义 …… 1
二、车身漆面的损伤的类型 …… 1
三、常见的汽车美容操作工序 …… 2
第二节 汽车美容的安全防护 …… 2
一、安全防护的意义 …… 2
二、汽车美容个人卫生防护用品的使用 …… 3
三、防火、防爆与防毒 …… 5

第二章 汽车美容装饰用品及工具设备 …… 9

第一节 汽车清洁护理用品 …… 9
一、汽车清洁用品 …… 9
二、汽车护理用品 …… 10
三、汽车防锈剂 …… 10
第二节 漆面美化用品 …… 10
一、研磨剂与抛光剂 …… 10
二、车蜡 …… 10
三、汽车釉和镀膜剂 …… 11
四、漆面修复用品 …… 11
第三节 汽车美容装饰工具及设备 …… 11
一、车身装饰拆装工具 …… 11
二、洗车工具与设备 …… 12
三、外表美容设备与工具 …… 14
四、室内美容工具 …… 16
五、贴膜工具 …… 18

第三章 洗车与操作技巧 …… 20

第一节 洗车方法 …… 20

	一、从洗车的本质上分类的洗车方法	……	20
	二、从洗车的工具上分类的洗车方法	……	20
	三、从洗车的使用介质上分类的洗车方法	……	21
	四、从洗车的服务项目上分类的洗车方法	……	21
第二节	汽车表面顽固污染物清洗方法	……	23
	一、沥青、焦油的清除	……	23
	二、不干胶的清除	……	23
	三、树胶、鸟粪的清除	……	25
	四、油漆尘、铁粉的清除	……	25
第三节	新车开蜡	……	26
	一、选择开蜡水	……	26
	二、操作步骤	……	26
第四节	电脑洗车机洗车	……	27
	一、人工预清洗	……	27
	二、电脑洗车机清洗	……	27
第五节	专业精致洗车	……	30
	一、专业精致洗车工作准备	……	30
	二、专业精致洗车操作步骤	……	31
	三、现场清理	……	55
操作技巧总结	……	56

第四章　汽车玻璃美容装饰与操作技巧　57

第一节	汽车玻璃美容	……	57
	一、汽车玻璃的清洁美容	……	57
	二、玻璃的防雾、防水	……	58
第二节	汽车玻璃贴膜	……	59
	一、车膜的作用	……	60
	二、车膜的结构	……	61
	三、车膜质量的鉴别方法	……	61
	四、车膜的施工方法与步骤	……	63
	五、车膜装贴质量检查	……	78
	六、车窗玻璃膜保养和维护方法	……	79
操作技巧总结	……	79

第五章　汽车外表美容装饰与操作技巧　80

第一节	漆面美容	……	80
	一、车身漆面抛光	……	80
	二、打蜡	……	85
	三、车身封釉	……	90
	四、汽车镀膜	……	93

　　　　　五、汽车镀晶和锔瓷（镀瓷） ………………………………………… 96
　　第二节　车身外表贴饰 ……………………………………………………… 101
　　　　　一、车贴 ………………………………………………………………… 101
　　　　　二、汽车装饰条 ………………………………………………………… 107
　　　　　三、贴"犀牛皮" ……………………………………………………… 108
　　　　　四、改色贴膜 …………………………………………………………… 111
　　第三节　汽车彩绘 …………………………………………………………… 115
　　　　　一、汽车彩绘的定义和要求 …………………………………………… 115
　　　　　二、喷绘工具和设备 …………………………………………………… 116
　　　　　三、形体模板 …………………………………………………………… 116
　　　　　四、喷绘流程 …………………………………………………………… 118
　　第四节　汽车外围装饰 ……………………………………………………… 125
　　　　　一、改装中网 …………………………………………………………… 125
　　　　　二、加装大包围 ………………………………………………………… 127
　　　　　三、安装导流板 ………………………………………………………… 131
　　　　　四、加装扰流板 ………………………………………………………… 132
　　　　　五、安装轮眉 …………………………………………………………… 135
　　　　　六、改装轮毂盖 ………………………………………………………… 137
　　　　　七、安装防撞条 ………………………………………………………… 140
　　　　　八、安装车顶行李架或车顶箱 ………………………………………… 141
　　操作技巧总结 ………………………………………………………………… 149

第六章　汽车室内美容装饰与操作技巧　　150

　　　　　一、室内顽固污渍清除 ………………………………………………… 150
　　　　　二、汽车室内的空气净化 ……………………………………………… 151
　　　　　三、汽车室内杀菌消毒方法 …………………………………………… 152
　　　　　四、汽车室内美化装饰 ………………………………………………… 157
　　操作技巧总结 ………………………………………………………………… 160

第七章　汽车底盘美容装饰与操作技巧　　161

　　第一节　底盘装甲 …………………………………………………………… 161
　　　　　一、底盘装甲的作用 …………………………………………………… 161
　　　　　二、底盘装甲的施工部位 ……………………………………………… 161
　　　　　三、底盘装甲的操作步骤 ……………………………………………… 161
　　第二节　轮胎轮毂的清洁护理 ……………………………………………… 166
　　　　　一、轮胎清洁护理 ……………………………………………………… 166
　　　　　二、轮毂清洁护理 ……………………………………………………… 167
　　操作技巧总结 ………………………………………………………………… 168

第八章　汽车修复性美容与操作技巧　　169

　　第一节　车身漆面划痕修复 ………………………………………………… 169

　　　　一、汽车漆面划痕产生的原因 …………………………………… 169
　　　　二、车身漆面划痕的类型 ………………………………………… 169
　　　　三、划痕的修复方法 ……………………………………………… 171
　　第二节　挡风玻璃的修复 ……………………………………………… 174
　　　　一、挡风玻璃修复工具 …………………………………………… 174
　　　　二、挡风玻璃修复方法和步骤 …………………………………… 174
　　第三节　塑料件的修复 ………………………………………………… 181
　　　　一、加热矫正修复方法 …………………………………………… 181
　　　　二、焊接修复方法 ………………………………………………… 182
　　　　三、硬质塑料纹理修复方法 ……………………………………… 188
　　第四节　皮革修复 ……………………………………………………… 191
　　　　一、工具和材料准备 ……………………………………………… 191
　　　　二、修复操作步骤 ………………………………………………… 191
　　第五节　轮毂修复 ……………………………………………………… 195
　　　　一、工具和材料准备 ……………………………………………… 195
　　　　二、轮毂修复操作方法 …………………………………………… 195
　　第六节　汽车大灯翻新修复 …………………………………………… 198
　　　　一、工具和材料准备 ……………………………………………… 198
　　　　二、汽车大灯翻新修复操作 ……………………………………… 198
　操作技巧总结 ……………………………………………………………… 200

第九章　汽车电子产品装饰与操作技巧　　201

　　第一节　汽车车灯装饰 ………………………………………………… 201
　　　　一、汽车大灯改装 ………………………………………………… 201
　　　　二、LED灯装饰 …………………………………………………… 207
　　第二节　汽车音响及导航系统改装 …………………………………… 209
　　第三节　安装倒车雷达 ………………………………………………… 214
　　　　一、倒车雷达的组成及工作原理 ………………………………… 214
　　　　二、倒车雷达的种类 ……………………………………………… 215
　　　　三、倒车雷达的安装方法和步骤 ………………………………… 215
　　第四节　安装车载蓝牙手机免提电话 ………………………………… 224
　　　　一、车载免提电话的作用 ………………………………………… 224
　　　　二、安装车载蓝牙手机免提电话的方法 ………………………… 224
　　第五节　汽车防盗系统改装 …………………………………………… 226
　　　　一、汽车防盗系统种类 …………………………………………… 226
　　　　二、汽车防盗系统改装举例 ……………………………………… 229
　操作技巧总结 ……………………………………………………………… 243

参考文献　　244

第一章 汽车美容相关知识

第一节 汽车美容概述

一、汽车美容定义

汽车美容是指对汽车外表及室内进行美化与护理的工作,按作业性质不同可分为护理性美容、修复性美容和装饰性美容三大类。

护理性美容是指保持车身外表和室内装饰件表面亮丽而进行的美容作业,主要包括新车开蜡、汽车清洗、漆面研磨、抛光、还原、上蜡及室内装饰件保护处理等作业。

修复性美容是车身漆面或室内装饰件表面出现某种缺陷后所进行的恢复性美容作业,其缺陷主要有漆膜病态、漆面划痕、斑点及内室件表面破损等,根据缺陷的范围和程度不同分别进行表面处理、局部修补、整车翻修及内室件修补更换等作业。

装饰性美容指为了增加汽车的美感和舒适性而添加其他的装饰件或者改装原有部件的美容作业,如车身表面贴饰、喷绘、隔音隔热、大包围、尾翼、电器等的安装和改装作业。

二、车身漆面的损伤的类型

(1)紫外线和射线使汽车漆面老化。汽车在阳光下行驶或停放,来自太阳的紫外线和其他各种射线对车身漆面有强烈的老化作用,漆面长期被照射的化学结构就会发生变化,聚合物的分子结构被破坏,颜料分子结构发生异变等。漆面日益变得失去光泽,出现褪色、异色斑点,甚至龟裂。

(2)有害气体、尘埃对漆面的污染。随着大气污染的日益严重,空气中含有的硫化物、氮氧化物、活性自由基和游离于空气中带电的基团,特别是和水滴或雨水混合在一起形成更不利于漆面树脂和颜料的酸雨、盐雾、酸碱氛围以及静电和自由基氧化还原条件等。这些对漆面有害的物质很容易被吸附到因为与空气做相对运动摩擦产生静电的车身表面上。车身表面静电的产生也大量吸附空气里的灰尘。时间一久,车身表面就会形成一层被称为交通膜的薄膜,这层顽固的薄膜富集了大量的酸碱、自由基等腐蚀性污物,持续损伤漆面、车架以及其他部件。反映在漆面上是原本光亮的车身变得暗淡,失去了鲜艳的色泽。

(3)硬器划伤和擦伤,鸟粪和沥青以及其他污物的粘附等外界的伤害也是常见的现象。

抛光打蜡用品主要针对以上原因,结合汽车车身的特点有目的、有依据、科学地进行清洁、保养、修复,保持汽车外观洁亮如新,长时间保持漆面光亮,有效延长汽车整体使用寿命。

造成车身漆面损伤的因素如图1-1-1所示。

图1-1-1 造成车身漆面损伤的因素

三、常见的汽车美容操作工序

常见的汽车美容操作工序见表1-1-1。

表1-1-1 常见的汽车美容操作工序

序号	操作工序	序号	操作工序
1	全车外部泥沙、污物冲洗	19	轮胎清洁增黑、上光护理
2	全车外部油污、静电去除	20	漆面深度划痕、局部创伤快速修复
3	新车开蜡,深度清洗	21	车内室全面除尘处理
4	漆面焦油、沥青、鸟粪等杂物处理	22	车内室顶篷除污翻新
5	玻璃抛光增亮翻新	23	转向盘、仪表台清洁上光护理
6	玻璃清洁、防雾处理、加装防冻清洁剂	24	置物区、烟灰缸、音响区清洁
7	发动机表面清洁、翻新、系统护理	25	空调出风口清洁处理
8	车体局部除锈、防锈、防腐处理	26	全车电路系统清洁防潮、防老化护理
9	底盘清洁护理	27	车门内侧清洁翻新、上光护理
10	漆面橘皮等特殊现象的处理	28	真皮清洁、上光护理
11	漆面一度抛光翻新、去除深度氧化层、轻划痕处理	29	车内丝绒表面的清洁、柔顺护理
12	漆面二度抛光翻新、去除太阳纹、斑点处理	30	行李箱除污清洁护理
13	漆面增艳养护处理	31	车内室去异味、杀菌处理
14	漆面超级上釉、镀膜护理	32	全车镀铬件表面去除氧化层、抛光翻新
15	保险杠装饰清洁翻新	33	汽车彩绘
16	车裙、挡泥板去杂质清洁护理	34	免拆维护
17	全车灯光及左右倒车镜清洁抛光翻新	35	汽车装饰
18	轮辋飞漆、焦油、氧化层的去除及增光翻新处理	36	全车检查

第二节 汽车美容的安全防护

一、安全防护的意义

在汽车美容装饰作业中的安全防护很重要。美容车间必须采取有效的安全技术措施防火、防爆、防中毒和防触电，确保生产顺利进行。作为汽车美容作业人员应该熟练掌握汽车美容作业的规范和操作技能及所使用的产品性能，掌握作业中常见的事故及其预防措施，以及一般的急救常识。

二、汽车美容个人卫生防护用品的使用

1. 呼吸系统的防护

呼吸系统包括呼吸道（鼻腔、咽、喉、气管、支气管）和肺。

在汽车美容过程中进行打磨抛光时产生的微尘、清洗部件时挥发的溶剂和在喷射防腐剂时挥发的液滴，都会被吸入呼吸系统中，对人体产生暂时的甚至永久的伤害。在进行这些操作时都应该佩戴呼吸器。各种呼吸器如图1-2-1所示。

(a) 供气式呼吸器

(b) 滤筒式呼吸器　　　　　　　　　　　(c) 防尘呼吸器

图1-2-1　各种呼吸器

（1）供气式呼吸器　供气式呼吸器，由一个有透明护目镜的兜帽和一个外接气源软管组成。干净可呼吸的空气通过软管从一个单独的气源泵送到面罩或头盔中。

供气式呼吸器是最安全的保护方式，可以隔绝任何有毒气体、蒸气、烟雾以及微尘，建议在喷涂所有类型的底漆、涂料、密封材料和防腐材料时都使用供气式呼吸器。

（2）滤筒式呼吸器　滤筒式呼吸器由一个橡胶面罩、预滤器和滤筒组成，能够清除空气中的溶剂和其他蒸气。属于防毒口罩类呼吸保护器。

（3）防尘呼吸器　防尘呼吸器只是一个防尘口罩，一般是用多层滤纸制作的廉价过滤器，它能够阻挡空气中的微粒、粉尘进入人的鼻腔、咽喉、呼吸道和肺部。在进行打磨、研磨或用吹风机吹净钣件操作时会产生大量的粉尘，应佩戴防尘呼吸器。

2. 身体各部位的保护

（1）工作帽　汽车美容人员在工作中，注意头发不要过长，要根据操作需要戴上合适工

作帽，防止灰尘或油污的污染，保持头发的清洁。如常规工作戴布质工作帽，调漆和喷涂戴一次性工作帽。在车下作业时要戴硬质安全帽，防止碰伤头部。各种工作帽如图 1-2-2 所示。

(a) 布质工作帽　　　　　　(b) 一次性工作帽　　　　　　(c) 硬质安全帽

图 1-2-2　各种工作帽

（2）护目镜和面罩　汽车美容人员在进行锤击、钻孔、磨削和切削等工作时都要求佩戴护目镜、面罩等眼睛和面部的保护装置。在调和具有挥发性的汽车美容护理用品和涂料时，应使用密封式的防雾护目镜，因挥发性物质容易造成眼睛伤害；在利用金属调理剂处理金属表面时，因调理剂含有磷酸，最好使用防酸碱的防雾护目镜，防止调理剂溅沫进入眼睛；在用气吹枪清理汽车角落不明状况时，建议使用防飞溅面罩，以防眼睛和面部受到飞溅物的伤害。眼睛和面部的防护用品如图 1-2-3 所示。

(a) 普通护目镜　　　　　　(b) 防雾护目镜　　　　　　(c) 防飞溅面罩

图 1-2-3　眼睛和面部的防护用品

图 1-2-4　耳罩

（3）耳罩或耳塞　在噪声严重的环境中工作，必须佩戴耳塞或耳罩等耳朵保护装置，例如使用气动錾、气动锯等切割工具、钣件击打、打磨等操作中产生的高分贝噪声都会对耳朵产生伤害。在进行焊接时，耳塞或耳罩还可以避免被飞溅的金属损伤耳朵。如图 1-2-4 所示。

（4）工作手套　根据不同的工作选择相应的手套，以防止手受到伤害。一般的工作使用棉纱手套；在用化学溶液处理金属表面时用橡胶手套，以免被灼伤；在调漆时使用一次性手套，以免弄脏手。如图 1-2-5 所示。

在离开工作场地时要彻底洗手，同时建议使用适当的清洁剂，一定不能把稀释剂当清洁剂来用。每天工作结束时可用一种不含硅的护肤膏滋润皮肤。

（5）工作鞋　在进行汽车美容工作时，要根据工作性质选择好工作鞋。干爽地面穿上耐酸碱的绝缘防滑工作鞋即可；有时可穿上有金属脚尖衬垫和钢板鞋底的安全工作鞋（钢包头

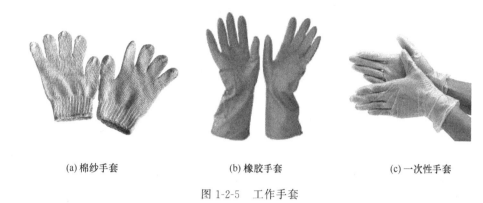

(a) 棉纱手套　　　　　　　(b) 橡胶手套　　　　　　　(c) 一次性手套

图 1-2-5　工作手套

鞋），金属尖衬垫可保护脚趾不受落下物体伤害，钢板鞋底可以防止车间尖利物刺穿鞋底。洗车工作时穿上高筒防水鞋。各种工作鞋如图 1-2-6 所示。

(a) 绝缘工作鞋　　　　　　(b) 钢包头鞋　　　　　　(c) 高筒防水鞋

图 1-2-6　工作鞋

（6）工作服　在进行汽车美容工作时，需要穿上规定的工作服，并把扣子扣好，做好身体的防护。过于宽松的衣服、未扣上扣子的衬衣袖子、悬摆的领带、首饰及悬在外面的衬衣下摆，这在汽车美容工作中非常不方便，有时会损伤汽车漆面或装饰物，有时甚至产生危险。

三、防火、防爆与防毒

1. 防火与防爆

（1）完善防火设施。涂装车间所有结构件应采用耐火材料制成，并通风良好。

（2）按防爆等级规定安装电器。凡能产生电器火花的电器和仪表不得在施工场所使用。电器和机械设备的超负荷运转引起的过热也是潜在的火灾隐患。所以施工场所的电线、电缆、电动启动装置、配电设备、照明灯等都应符合防爆要求，电动工具和电器部分应搭铁良好。在使用溶剂的直接场所，闸刀开关、配电盘、熔断器、普通电动机及照明开关应安装在室外。

（3）严禁烟火。施工场所严禁吸烟，不准携带火种入内；如必须动用明火，只能在规定的安全区域内进行。车间及仓库，都要设立"严禁烟火"的醒目标志。

（4）防止冲击火花。涂装过程中应尽量避免敲打、碰撞、冲击、摩擦等操作。用铁器开启金属桶、敲击钢铁制件，甚至鞋底的掌钉与水泥地面摩擦都易产生火花，引起火灾。对于燃点低的涂料或溶剂开桶时，应用非铁工具（如铜、铝制工具）开启，以免产生火花引起燃爆事故。

（5）严防静电产生。在涂装施工中，静电往往是火种来源之一。施工中由于摩擦而产生静电火花，是常常被忽视的隐患。为防止静电事故，施工场所的设备、管道、容器都应安装地线。运送溶剂时避免溢出。

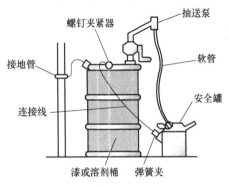

图1-2-7 用专用的泵抽送溶剂

抽送桶装溶剂时，要用专用的泵通过桶上的孔抽送。用散装容器运送易燃溶剂时，要特别小心。最重要的是溶剂桶必须接地，并且要用导线将桶与安全罐连接起来，否则产生的静电将引起火花进而导致爆炸。如图1-2-7所示。

（6）谨防自燃。浸有油性涂料或溶剂的棉纱、碎布等揩擦物，必须放在指定地点。定期销毁，更不许与涂料及熔剂混放同一场所。定期报废或清洗所有空的溶剂容器。这些容器底部残余的溶剂蒸气是重要的火源，切记勿用汽油作清洗剂。

（7）避免积存过多的涂料。施工现场尽量避免积存过多的涂料与稀释剂，在没有使用时，所有易燃和易爆液体的桶和管道的连接器必须保持严密封闭，不可将盛涂料的容器打开放置。车身油漆溶剂和其他易燃液体，必须存放在经过批准的金属（切勿用木料）柜中，储存室需充分通风。不少汽车美容店使用单独的设备散装储存易燃材料，但不能把超过一天用量的漆料放在储存区以外。

（8）废料严禁随意排放。作废易燃的溶剂和涂料要集中管理，并在安全场所销毁，严禁倒入下水道。

（9）备足灭火器材。施工场所必须备有足够的灭火器、黄砂及其他灭火工具，并定期检查更换。汽车美容使用的各种材料，许多属于易燃物品，不规范使用和存储很容易造成火灾，所以车间必须配备足够的灭火装置和灭火材料。比如干粉灭火器、防火沙等。灭火器要摆放在车间的固定位置，并要有明显的标志和方便取出；应该定期检查、定期重新加注灭火剂。

（10）不要在油漆、稀释剂或其他可燃液体或材料周围进行焊接或切割。

（11）不要在蓄电池周围进行焊接或打磨。蓄电池充电时可产生氢气，从而存在爆炸的可能。

（12）在修理靠近燃油过滤管的板料，或是靠近油箱的框架和底板损坏需要修理时，应将燃油箱排空后拆下，并将它和汽油放在安全位置。在油箱加油管周围进行作业时，应将其拧紧并盖上湿抹布。

（13）汽车美容中有些项目要断开蓄电池，不要让车辆上的导线短路，造成电气火灾，也避免因为焊接而损坏汽车的电脑控制件。

（14）如果不慎发生了火灾，不要慌张，要谨慎处理，立即切断电源、关闭运转的设备和邻近车间门窗，防止漫延并组织扑救，及时灭火。若发生较大火灾，过热或烟气过大，应立即报警，人要贴近地面，避免吸入烟气，及时离开。

2. 灭火方法

燃烧的三个基本要素，即火灾形成的三个条件是：热量（温度）、可燃物（燃料）和氧气,如图 1-2-8 所示。

只要使燃烧的三个基本要素其中的一个要素缺失就能熄灭火焰,防止火灾的发生,灭火措施和方法就是这样产生的。灭火方法如图 1-2-9 所示。

(1) 隔离火源方法　即发生火灾时,将火源与燃烧物迅速隔离,使之熄火。

(2) 隔绝空气方法　即在燃烧物周围切断助燃的氧气供给,使其自动熄火,如漆桶着火,用盖子将桶盖住,或用不燃性气体(二氧化碳等)喷射到燃烧物上。

(3) 冷却降温的方法　如用水使被燃烧物的温度降低到着火点以下,即可灭火。

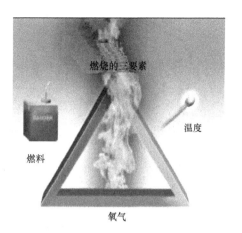

图 1-2-8　燃烧的三要素

(a) 隔离火源　　　(b) 隔绝空气　　　(c) 冷却降温(消防栓)

图 1-2-9　灭火基本方法

(4) 灭火器的使用　站在距离火源 2~3m 的地方,并且是上风处,以免自己被风吹过来的火焰烧伤,如图 1-2-10 所示。

(a) 正确　　　　　　(b) 错误

图 1-2-10　灭火时人应在上风处

首先拉下手柄上的安全销,握住灭火器,将喷嘴对准火焰的根部,然后挤压手柄,将灭火剂喷入火焰中,就能将火熄灭。干粉灭火器及其使用方法如图 1-2-11 所示。

3. **防毒**

清洗剂、护理用品、涂料及溶剂大部分都有毒,在喷射时所形成的喷雾、涂膜在干燥过程中所挥发出来的溶剂气体通过人的呼吸道或皮肤渗入人体,对人体神经系统和血液系统产生刺激和破坏作用,会造成头晕、头痛、失眠、乏力和记忆力减退等症状,它还能造成人体

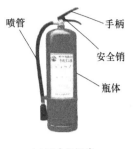
(a) 灭火器组成

(b) 拔出安全销

(c) 对准火焰根部喷

图 1-2-11　干粉灭火器及其使用方法

血液系统的损害，引起白细胞减少，出现红细胞和血小板降低，以及皮肤干燥、搔痒等症状。为防止发生中毒事故，应采取以下两方面的防护措施。

（1）控制空气中有毒物质的浓度。为确保操作人员身体健康，必须采取有效措施控制空气中有害物质的浓度，使空气中的溶剂蒸气浓度降低到最高许可浓度以下，即长期不损害的安全浓度。一般最高许可浓度是中毒范围值下限值的 $1/2\sim1/10$。

（2）施工场所应有良好的通风和排风换气设备，使空气流通，加速有害气体的散发，使空气中有害气体含量不超过卫生许可浓度。可采取换气系统进行地面抽气，或以强力抽气系统来抽吸修理时的磨料和喷漆场地的灰尘。

（3）在采用暖风的情况下，一般不采用循环风。在有害气体浓度不超标的场合才允许部分采用循环风。

（4）含有毒材料的尘雾和气体应经过净化处理后排入大气，排气风管应超出屋顶 1m 以上。

（5）吸新鲜空气点和排废气点之间距离在水平方向不小于 10m。

（6）对于毒性大、有害物质含量高的涂料严禁用喷涂法涂装。

4. 个人卫生防毒措施

（1）涂装人员在操作时，应穿戴好各种防护用具，如专用工作服、手套、面具、口罩和鞋帽，不允许操作人员将工作服穿着离开车间。

（2）操作前穿戴好劳动保护用品。使用有空气净化器的头罩或面罩。

（3）施工时，如感觉头痛、眩晕、心悸、恶心时，应立即离开现场到通风处呼吸新鲜空气，严重的应及时治疗。

（4）为防止有毒气体通过肺部吸入人体，在喷涂时要戴附有活性炭的防毒面具。有毒气体还可通过皮肤进入人体，而发生危害作用，因此在施工完毕后，要用肥皂洗脸和手。

（5）为保护皮肤，施工前可涂以防护油膏，施工后洗干净，再涂其他润肤油膏保护。

（6）要随时注意个人卫生和保健，不能在施工场所内进食、就餐、饮水和吸烟，工作衣物要隔离存放并定期清洗。

（7）工作结束后应洗淋浴，换好干净衣服到室外呼吸新鲜空气。还应多喝开水湿润气管，增加排毒能力。

第二章 汽车美容装饰用品及工具设备

第一节 汽车清洁护理用品

一、汽车清洁用品

1. 洗车液

（1）洗车液作用

洗车液也叫洗车香波，适用于各种汽车的车身漆面，是在汽车美容的日常施工操作中，消耗量和周转量最大的护理品，所有合格的洗车液酸碱度均为中性、无磷，pH 值为 6.0～8.0，不腐蚀车身漆面。在汽车美容操作中严禁使用洗衣粉、肥皂和洗涤灵等高碱性物质洗车，否则会造成车身漆面甚至中间涂层以至底漆的侵害和腐蚀。

（2）洗车液种类

洗车液根据洗车效果分为不脱蜡洗车液、脱蜡洗车液和上光洗车液三类。不脱蜡洗车液，如超浓缩洗车香波、天然打蜡香波、电脑洗车上蜡香波，是车身日护理的最常用的洗车液，洗车后车身原有蜡层存在；脱蜡洗车液，具有很好的脱脂、脱蜡、清除污垢及其他功效，如开蜡水，常用于车身美容前的清洗处理；上光洗车液，如汽车清洗上光剂，集清洁、增光一次完成的洗车液，洗车后，车身表面形成一层高透明的蜡质保护膜，使漆膜光洁亮丽，也称为洗车水蜡，但不能取代传统的打蜡保养。

2. 汽车外表顽固物清洁用品

对于汽车外表的顽固物，如柏油沥青、虫胶、树粘、不干胶、铁粉和氧化层等，仅用洗车液清洁是无法清除的，必须使用相应的清洁用品。常见汽车外表顽固物清洁用品有柏油沥青清洗剂、虫胶清洗剂、不干胶清洗剂、洗车泥、铁粉去除剂和水垢锈迹清除剂等。

3. 其他外表清洁剂

汽车外表清洁，除了使用洗车液外，对于某些局部的表面，还需要相应的外表清洁剂，如发动机外表清洁剂、底盘清洗剂、轮毂清洁剂和制动系统清洁剂等。

4. 汽车室内清洁剂

常见汽车室内清洁剂有全能泡沫清洗剂、丝绒清洗剂、地毯清洁剂和空气清新剂等。

5. 玻璃清洁剂

常见玻璃清洁剂有玻璃清洁剂、雨刮精、玻璃抛光剂和防雾剂等。

二、汽车护理用品

汽车护理用品即保护剂，又称护理剂，常见汽车护理用品有皮革保护剂、皮革塑料上光护理剂、表盘上光护理剂、发动机漆面保护剂、塑胶保护剂、轮胎上光护理剂和轮胎增黑护理剂等。

三、汽车防锈剂

防锈剂又称防锈漆，常见防锈剂有高效防锈剂、擦铜水、排气管保护漆、电极保护剂和底盘装甲等。

第二节 漆面美化用品

汽车美容不仅要把汽车清洁干净，还要处理小缺陷和增加车漆的光泽，使用抛光打蜡等用品就能达到这些效果。

一、研磨剂与抛光剂

研磨剂与抛光剂的原料基本相同，都是由磨料和水或油等组成的混合物，粗颗粒的叫研磨剂，细颗粒的叫抛光剂。研磨剂的功能是去除表层，抛光剂的功能是增加表面的水平度。

利用研磨剂进行研磨，可以清除漆面上的污垢，清除严重氧化层及微浅划痕；减轻漆面白花、失光、失真、漆雾、酸雨等表面缺陷；提供适应抛光要求的良好基底。利用抛光剂进行抛光，可以清除漆层表面的轻微氧化及研磨剂所留下的痕迹；以化学切割的方式填平漆面上的凹点，其中包括脱脂、消除漆面瑕疵；使漆膜达到镜面般的平滑，为打蜡或封釉做好基础。

二、车蜡

蜡是涂装作业和汽车美容不可缺少的材料，市场上，可供使用的蜡种类繁多。车蜡主要由蜡脂、溶剂、硅（矽）油、染料、香料、研磨材料、界面活性剂、安定剂、增黏剂等组成。

1. 车蜡作用

（1）防水作用。车蜡能使车身漆面上的水滴附着减少60%～90%，高档车蜡还可使残留在漆面上的水滴进一步平展，呈扁平状，最大限度地减少水滴对阳光的聚焦，使车身免受侵蚀和破坏。打上去的蜡所产生的效果是：水滴会近似球状，不易产生透镜效应，可以有效地抑制因太阳光的照射而造成的水痕。

（2）抗高温作用。车蜡抗高温作用是对来自不同方向的入射光产生有效反射，防止入射光线穿透清罩漆，导致底色漆老化变色，从而延长漆面的使用寿命。

（3）防静电作用。通过打蜡隔断空气及尘埃与车身漆面的摩擦，不但可有效防止车表静电的产生，还可大大降低带电尘埃对车表的附着。

（4）防紫外线作用。日光中的紫外线较易折射进入漆面，防紫外线车蜡充分地考虑了紫外线的特性，使其对车表的侵害最大限度地降低。

（5）上光作用。上光是车蜡的最基本作用之一，经过打蜡的车辆，都能不同程度地改善其漆面的光洁程度，使车身恢复亮丽本色。

(6) 防酸雨、防雾等作用。

2. **车蜡的种类**

车蜡种类繁多，名称也各异。

(1) 按物理状态不同分类：可以分为固体蜡、半固态蜡、液体蜡和喷雾蜡 4 种。一般瓶装的为液体蜡，盒装的为固体蜡。在日常作业中，液体蜡应用相对较广泛。

(2) 按装饰效果不同分类：可分为无色上光蜡和有色上光蜡，字面意思可知无色上光蜡以增光为主，有色上光蜡以增色为主。

(3) 按作用不同分类：防水蜡、防高温蜡、防静电蜡和防紫外线蜡等。

(4) 按功能不同分类：分为上光蜡和抛光研磨蜡。

(5) 按生产国别不同分类：国产蜡和进口蜡。

三、汽车釉和镀膜剂

汽车釉是一种无黏性、高光泽、全天候车漆密封光亮剂，可手工或机械施工。能有效保护车漆免受深度氧化和褪色的伤害。具有超强拔水性和密封性。

汽车镀膜可以去除漆面瑕疵、污渍、氧化层、细小划痕等；在汽车漆面上形成坚固的纳米保护层，能有效防止太阳光紫外线、酸雨、树胶等对漆面的损害。

四、漆面修复用品

1. **补漆笔**

补漆笔是一种汽车剐痕修补工具，可修补、掩盖及填平伤痕。适用于小面积的划伤、刮伤，以及露出底色部分的保护。

2. **原子灰**

原子灰具有良好的填充性能；快干、收缩小、硬度高和抗冲击性强；有良好的附着力。适用于冷轧钢板、铝板等底材。

3. **汽车涂料**

汽车涂料即汽车漆。包括底漆、中涂漆、面漆等涂料以及稀释剂、固化剂等辅助材料；适用于冷轧钢板、塑料面板或各种底涂层。

4. **美纹纸胶带**

美纹纸胶带又称分色带纸，具有耐高温、高黏着力、柔软和再撕不留残胶等特性。应用于室内装饰和轿车喷涂等的遮蔽。

5. **遮蔽纸**（膜）

遮蔽纸具有不渗透漆雾，不掉纸屑，纸质薄、耐高温等特点。用于遮盖需喷漆修补部位周围，以免被弄脏。

第三节　汽车美容装饰工具及设备

在此介绍的汽车美容装饰工具与设备主要指拆装汽车内装饰件的撬板、拉勾等工具，洗车工具与设备，抛光打蜡工具与设备，贴膜工具等。

一、车身装饰拆装工具

车身内装饰拆装工具，主要用来方便撬出或拉出汽车内部装饰板的盖帽、卡扣、装饰板和各种音响装置，通常有撬板和拉勾工具。如图2-3-1所示。

图2-3-1　车身装饰、仪表拆装工具

二、洗车工具与设备

对汽车进行清洗作业时，由于汽车表面各部位的材料质地、形状的不同，宜选用合适的用品。常用洗车附件工具包括洗车海绵、汽车美容毛巾、洗车手套和毛刷等。常用的洗车设备有高压洗车机、泡沫机、泡沫枪、电脑洗车机等。

1. 常用洗车附件工具

（1）洗车海绵

不是什么海绵都可以用来进行洗车，洗车作业中使用的海绵有特殊的要求，除了必须具有良好的弹性、韧性、抗拉强度、耐磨性外，还必须有很好的吸水能力和藏土藏垢能力，这样才能使沙粒或尘土很容易深藏于海绵的气孔之内，以免洗车时刮伤表面，有利于保护漆面及提高作业效率。如图2-3-2所示。

（2）洗车手套

洗车手套在洗车中主要用来进行擦洗工作，与洗车海绵作用一样，但使用更加方便。洗车手套有超细纤维和仿羊毛两种材料，表面细腻，去污力强，不伤车漆，沾上洗车液它能去除汽车车身的灰尘、污渍、油污等。如图2-3-3所示。

图2-3-2　洗车海绵

图2-3-3　洗车手套

（3）美容毛巾

汽车美容中的毛巾，即洗车时用的各种吸水布，主要用来擦干洗车水迹，需要有良好的柔软性和吸水性能。常用的有超细纤维美容毛巾和麂皮毛巾。

① 超细纤维美容毛巾　柔软舒适不伤漆面、不霉烂、不掉毛，具有超强的吸尘、除油渍能力，其吸水性、耐用性是纯棉毛巾5倍。使用时将毛巾用清水浸湿后拧干呈半湿性状

态，可以提高擦车的速度，节省擦车时间，一般多用于麂皮擦车前的预处理；用半湿性毛巾擦完车身后，为了使车身表面进一步干净，需用柔软不易脱毛的干性毛巾再擦拭，以擦尽表面的水痕。如图2-3-4所示。

② 麂皮毛巾　麂皮毛巾是一种化学合成皮，主要原料是聚乙烯醇，俗称人造麂皮。麂皮毛巾质地柔软，有利于漆面的保护，有良好的吸水能力，在洗车作业中使用广泛。使用时，要将麂皮毛巾放进清水浸湿后再拧干成半湿性麂皮毛巾来使用，可应用在汽车漆面、内饰及玻璃清洁与吸水等方面。如图2-3-5所示。

图2-3-4　超细纤维美容毛巾

图2-3-5　麂皮毛巾

（4）洗车刷

① 毛刷　主要用于轮胎、挡泥板等处附着泥土垢的清除，由于上述部位泥土附着较厚，不易冲洗干净，所以在洗车时应有针对性地进行刷洗。毛刷选用鬃毛最佳，鬃毛刷不但具有较好的韧性和耐磨性，还可以减轻刷洗作业对橡胶、塑料件产生的磨损，最好不用塑料纤维板刷。毛刷如图2-3-6所示。

图2-3-6　毛刷

② 钢丝刷　钢丝刷只用在金属除锈、轮胎除顽固污垢方面，形状如图2-3-7所示。

2. 汽车美容的洗车设备

（1）高压洗车机

高压洗车机，也叫高压洗车水枪。高压洗车机根据功能的不同可分为高压洗车机、冷热水高压洗车机、蒸汽高压洗车机和家庭用洗车机。高压洗车机主要由电动机、水泵、软管和喷枪组成；冷热水高压洗车机多了一个加热装置，水泵由壳体、叶轮及进、出水口组成，喷枪由枪体、手柄、扳机及喷嘴等组成。各种洗车

图2-3-7　钢丝刷

机如图 2-3-8 所示。

(a) 高压洗车机　　　(b) 冷热水洗车机　　　(c) 家庭用洗车机　　　(d) 蒸汽洗车机

图 2-3-8　各种洗车机

(2) 泡沫机和泡沫枪

泡沫机由气动控制装置、泡沫发生器、喷射阀等组成，采用气动控制，压力稳定，具有流量大、操作简单、使用方便等优点。泡沫机是汽车清洗时喷洒泡沫的专用设备，工作时利用压缩空气在设备内部产生一定的压力，通过设备配置的系统，将设备内调配好的泡沫洗车液充分混合均匀后以泡沫状喷射到需要清洗的表面上。

泡沫枪，主要针对汽车美容内饰清洗工作，适用于汽车绒布、顶蓬、门板、地垫、皮革、发动机表面、轮胎表面、轮毂表面、塑料的清洁及各个缝隙间的污垢，可有效快速去除各种污垢和灰尘。泡沫机和泡沫枪如图 2-3-9 所示。

图 2-3-9　泡沫机和泡沫枪

(3) 电脑洗车机

电脑洗车机是利用电脑控制毛刷和高压水来清洗汽车的一种机器。主要由控制系统、电路、气路、水路和机械结构构成，属于固定式大型洗车设备。电脑洗车机可通过光电系统检测，经电脑分析计算出各种动作的最佳位置和力度，达到最佳洗车效果；能自动闪避后视镜、旗杆等，确保汽车安全；洗净力强、含水量大、不伤车，对车身油漆的损伤程度是普通手洗的 30% 以下；毛刷和水压力均匀、洗车速度及方向稳定。

电脑洗车机按工作方式可分为隧道式和往复式两种，按有无滚刷可分为滚刷式和水斧式（无接触式）两种。电脑洗车机种类如图 2-3-10 所示。

三、外表美容设备与工具

1. 研磨抛光机

研磨抛光机是一种集研磨和抛光为一体的设备，安装研磨盘时可进行研磨作业，安装抛光盘可进行抛光作业。研磨抛光机和抛光盘如图 2-3-11 所示。

研磨抛光机按不同的方式可分为不同的类型，按驱动方式不同，可分为电动研磨抛光机及气动研磨抛光机；按转速是否可调，可分为调速研磨抛光机和定速研磨抛光机两种。电动式抛光机转速较大且转速可调，功率较大，研磨抛光效果较好；气动式抛光机转速较低，且功率相对较小，研磨抛光作业的效率相对低一些。

(a) 隧道式(滚刷式)

(b) 往复式　　　　　　　　　　　　(c) 水斧式(无接触式)

图 2-3-10　电脑洗车机

图 2-3-11　研磨抛光机和抛光盘

2. 打蜡机

打蜡机是把车蜡打在漆面上，并将其抛出光泽的设备，其配套材料主要指打蜡盘的各种盘套。盘套材料有全棉制品、全毛或混纺制品、海绵制品。打蜡机和抛光机原理基本一样，转速都在 1500～3000r/min。可调速的研磨抛光机实际上也是打蜡机。打蜡机和打蜡盘套如图 2-3-12 所示。

3. 汽车封釉机

封釉机，也叫振抛机。利用封釉机的高转速振动和摩擦，把釉分子强力渗透到汽车表

图 2-3-12　打蜡机和打蜡盘套

面、油漆的缝隙中去；封釉后的车身漆面能够达到甚至超过原车漆效果，使旧车更新、新车更亮，并同时具备抗高温、密封、抗氧化、增光、耐水洗、抗腐蚀等特点，还为以后的汽车美容、烤漆、翻新奠定了基础。

封釉机与抛光、打蜡机结构及原理基本一样，不同之处是封釉机的转速一般在8000～12000r/min。封釉机和封釉盘套如图 2-3-13 所示。

图 2-3-13　封釉机和封釉盘套

4. 吹气枪

吹气枪在汽车美容中主要用来吹尘和吹干清洁部位的水分，也给汽车轮胎打气。各种吹气枪如图 2-3-14 所示。

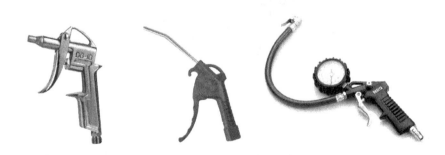

图 2-3-14　各种吹气枪

四、室内美容工具

1. 吸尘器

吸尘器是一种能将尘埃、脏物及碎屑吸集起来的电器设备，它是进行汽车内室日常清洁的主要设备。常见的车用吸尘器主要有便携型、专业型两种。专业型吸尘器也称为干湿两用吸尘器。它的吸尘效果最好，具有较好的防水性，而且集吸尘、吸水、风干于一体，配有适于汽车内室结构的专用吸嘴，操作简单、吸力大，并可与内室蒸汽机配套使用。便携型吸尘器体积小，携带方便，主要是供车主随车携带用的，不适合专业汽车美容护理使用。它使用汽车上的电源（利用点烟器插座）。吸尘器如图 2-3-15 所示。

2. 脱水甩干机

脱水甩干机是利用电动机带动离心泵，靠其离心作用把汽车脚垫、毛巾、海绵等上面的水分及污物甩干净。使用时，将汽车脚垫等物卷成圈，放到脱水甩干机内，启动电源开关即可。汽车脚垫放入脱水甩干机内时，必须放置均匀，使之重心平衡，且一次甩干的物体不可太重，以免损坏电动机。脱水甩干机如图 2-3-16 所示。

图 2-3-15 吸尘器

图 2-3-16 脱水甩干机

3. 高温蒸汽机

高温蒸汽机用于清除汽车驾驶室及车厢内的各种顽固污渍，可对丝绒、化纤、塑料、皮革等不同材料进行清洗，还可以去除车身外部塑料件表面的蜡迹。蒸汽机不仅具有较强的去污功能，而且还具有杀菌消毒的作用，消除细菌、螨虫、微生物、病原体，防止过敏。特别是对带有异味的污垢有很强的清洗作用，能使皮革恢复弹性，丝绒、化纤还原至原有光泽，是汽车美容的必备设备。蒸汽温度很高，可达130℃，所以操作时要根据不同材料的部件选择不同的温度，以免损伤部件，并用半湿毛巾包裹适合内室结构的蒸汽喷头使用。一般情况下，清洁车内物品在 80℃ 左右就已经够用，无需太高的温度。有些制品（如塑料、皮革）耐热性较差，在使用蒸汽机清洗时，温度应适当调低。高温蒸汽机如图 2-3-17 所示。

图 2-3-17 高温蒸汽机

4. 香熏灯

香熏灯可将干净水转为清凉水雾增加室内温度，放出大量空气维生素"空气负离子"，可以起到吸收室内尼古丁、室内装修产生的有害气体的作用，加入香料可满室飘香，添加辅助剂可杀菌消毒。汽车美容中使用香熏灯一般是加入香精油。香熏灯如图 2-3-18 所示。

5. 臭氧消毒机

臭氧发生器采用先进的陶瓷放电技术，自动提取分离空气中 O_3 分子产生臭氧，可永久循环使用而不需要任何添加剂。汽车美容店使用，可有效对汽车室内进行消毒、杀菌、除臭、漂白、去霉、净化，可完全替代紫外线照射消毒和化学药物熏蒸消毒，能达到各级消毒标准。汽车臭氧消毒机如图 2-3-19 所示。

图 2-3-18　香熏灯和香精　　　　　　图 2-3-19　汽车臭氧消毒机

五、贴膜工具

装贴车窗玻璃膜技术，是汽车美容作业中难度最大的项目，其常用工具及其作用如下。

1. 刮板

（1）橡胶刮板　用于贴膜后在膜上挤赶气泡和水分。

（2）塑料刮板　应耐一定的高温，用于烤膜预定型，上膜赶水压贴修边。

（3）钢制刮板　用于将侧门窗底部密封条与玻璃隔开，便于上膜；将其端角加热后可用来平复轻微折痕和贴平烤枪无法照顾到的部位。

各种刮板如图 2-3-20 所示。

图 2-3-20　各种刮板

2. 喷壶

喷壶是汽车贴膜重要工具，主要用来对车窗玻璃进行清洁和喷水，使贴膜工作更加方便进行。喷壶如图 2-3-21 所示。

3. 直尺

直尺主要用来在台面上对车窗膜进行裁膜开料。裁膜常用的是 1000mm 的钢直尺,有时也用到钢卷尺进行初步估计车窗膜用量,粗裁车膜。如图 2-3-22 所示。

图 2-3-21　喷壶

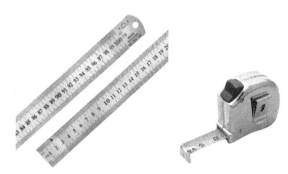

图 2-3-22　直尺和钢卷尺

4. 热风枪

热风枪主要用来烤膜。因汽车前后挡风玻璃呈弧形,要使车膜贴切挡风玻璃,必须用热风枪和刮刀进行边烤边刮平。热风枪如图 2-3-23 所示。

5. 美工刀和剪刀

剪刀主要用于预定型前剪去裁膜时多余的膜边部分,美工刀主要用于车窗玻璃膜开料、定型时的裁切。剪刀和美工刀如图 2-3-24 所示。

图 2-3-23　热风枪

图 2-3-24　剪刀和美工刀

第三章 洗车与操作技巧

第一节 洗车方法

一、从洗车的本质上分类的洗车方法

从洗车的本质上分类洗车有4种方式：一是车身静电去除清洗；二是交通膜的去除清洗；三是除蜡清洗；四是深度增艳清洗。

(1) 车身静电去除清洗

车辆在行驶过程中由于摩擦而产生强烈的静电层。静电对灰尘和油污的吸附能力很强，只有把静电全部清除掉才能彻底洗净车身。只有彻底清除掉车身静电，才能为下一步上蜡养护漆面打好基础，保证蜡的附着漆面的能力和养护性能。

(2) 交通膜的去除清洗

汽车经过一段时间的行驶，由于车身静电吸附灰尘，长时间便形成一层坚硬的薄膜（交通膜），使原来艳丽的车身变得暗淡无光。这层交通膜用一般清洁剂很难把它清除干净。使用专用的交通膜去除剂按一定比例稀释后，将其喷到车身上，过一段时间后再用高压水冲干净就可以去除交通膜了。

(3) 除蜡清洗

所有的汽车漆面都是要上蜡保护的。新车漆面可能有一层厚厚的蜡，这是运输保护蜡层，为了显示汽车的亮丽的表面，汽车使用前要把它去清洗掉，这叫新车开蜡；正常使用中的汽车，在每次进行上新蜡时前也要把车身表面的残蜡清除干净，否则会因为两次蜡的区别和上蜡的时间不同，极易产生局部新蜡附着不牢的现象。残蜡清除时应针对不同的车蜡，采用不同的开蜡水。使用时可将开蜡水按一定比例稀释后喷涂于汽车表面，停留3～5min，然后用高压水冲去即可。

(4) 深度增艳清洗

这种清洗作业是在抛光或上镜面釉之后进行的，目的是除掉残留在车身表面的抛光剂和油分，为上蜡保护做准备。使用的产品是"清洁上蜡二合一香波"。用这种产品进行深度清洗效果很好，不仅可以除去污物，同时留下一层薄薄的蜡膜为接下来的上蜡保护打基础，还能增艳漆色同时增强蜡膜的光泽度，提高汽车抗静电和抗氧化的能力。

二、从洗车的工具上分类的洗车方法

车身清洗从使用工具上来划分，有手工洗车和电脑洗车机清洗等。手工洗车有桶装水洗

车和高压水枪洗车，费时、费力；电脑洗车快速、方便。

三、从洗车的使用介质上分类的洗车方法

车身清洗从使用介质上来划分，有用水洗车和无水洗车。

用水洗车方式从用水量上来划分，有水冲淋洗车和微水洗车。有水冲淋洗车即现在社会上流行的高压水枪、电脑洗车等洗车方式；微水洗车有蒸汽洗车和汽水混合洗车等。蒸汽洗车即通过设备把水加热形成蒸汽来洗车的方式，如图3-1-1所示；汽水混合洗车即通过压缩空气把水雾化后进行洗车的方式。无水洗车则是以化学药物替代清水来对汽车进行清洗，即清洗汽车外表也像清洁内装饰一样的方式，无水洗车如图3-1-2所示。

图3-1-1 蒸汽洗车

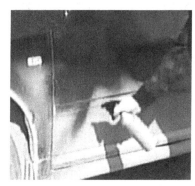 

图3-1-2 无水洗车

四、从洗车的服务项目上分类的洗车方法

按汽车美容店洗车服务项目来分有专业标准洗车和专业精致洗车。专业标准洗车即美容店传统的洗车方法，专业精致洗车也叫专业精细洗车，它们的区别见表3-1-1。

表3-1-1 专业标准洗车和专业精致（精细）洗车的区别

区别 \ 分类	专业标准洗车	专业精致(精细)洗车
硬件	传统洗车场所，设备有高压洗车机、泡沫机、吹风机、吸尘器等，要求不高	要求高,特别是灯光方面要求更高；配备低压水枪,各种设备按操作工艺标准要求有序摆放
材料	一般只有洗车液	有洗车液、泥土松动剂、水晶外衣等
工具	较少。至少要有两条毛巾、一个刷子、一块海绵	较多。至少要有七种不同颜色的毛巾、内室毛刷、轮胎刷、宽缝轮毂刷、窄缝轮毂刷等，二块海绵

续表

区别 \ 分类	专业标准洗车	专业精致(精细)洗车
洗车流程	有10多个步骤。先外后内,即操作时先清洁汽车外表面,再清洁汽车内部装饰	有30多个步骤。先外后内,或先内后外,即操作时先清洁护理汽车内部装饰,再清洁护理汽车外表面
对汽车内部清洁要求	对汽车内部内饰仅作简单的清洁工作	对汽车内部及内饰作彻底清洁和护理工作
员工素质	简单培训	经过专业培训,培训完经过严格的考核,考核通过才能上岗工作
服务态度	一般	服务周到,从接车到交车有始有终,有标准姿势和语术

 操作注意事项提示:

(1) 洗车时最好使用软水,尽量避免使用含矿物质较多的硬水。用硬水清洗车身,会在车身干燥后留下擦拭痕迹。硬水的软化方法有以下三种。

① 加热法 煮沸就可以把硬水转化为软水。

② 石灰苏打法 用石灰降低暂时硬水硬度,用烧碱(苏打)降低非碳酸盐硬水的硬度。

③ 离子交换法 用离子交换剂除去钙镁离子,目前家用"净水器"多采用这种方法。

(2) 应使用专用洗车液,严禁使用肥皂或洗洁精。因为这类用品碱性强,会导致漆面失光、局部产生色差、密封橡胶老化,还会加速局部漆面脱落部位的金属腐蚀。

(3) 高压冲洗时,水压不宜太高,一般不高于7MPa,喷嘴与车身最好保持15cm以上的间距。车身清洗时,可将水压调低些,如果清洗车身的水压和水流过大,污物颗粒会划伤漆层;清洗机冲洗底盘时,水压可高一些,以便能够冲掉底盘上附着的污泥和其他附着物;清洗车门周边,最好控制水的喷出量,以免水滴渗入门内,造成生锈。

(4) 清洗汽车漆面时,不能使用刷子、粗布,以免刮伤漆面留下痕迹。擦清洗剂时应使用软毛巾或海绵,最好使用海绵并经常将海绵在清水中洗涤,以免其中裹有硬质颗粒划伤漆面。

(5) 洗车各工序都应该遵循由上到下的原则,即由车顶、前后盖板、车身侧面、灯具、保险杠、车群、车轮等。注意后视镜座、车门把手、翼子板下方的轮弧内等细节之处的清洗。

(6) 不要在阳光直射下和发动机盖未冷却时洗车,阳光直射加速车身表面水分的蒸发,车身上的水滴干燥后会留下斑点,影响清洗效果;防止温差太大伤及漆层,若发动机盖还有余热,应待冷却后再进行清洗;不要在严寒中洗车,以防水滴在车身上结冰,造成漆层破裂,北方严寒季节洗车应在室内进行,车辆进入工位后,停留3~10min再清洗。

(7) 用洗车液洗车后,冲洗一定要干净,否则残留的洗车液将会渗入车漆,造成污点。更严重的是灰尘等附着在车上与水结合酸化之后造成生锈。特别是车身上各个地方的缝隙,都要仔细冲洗。积在车子零件接缝中的洗车液,可集中水压对着接缝喷洗将其除去。

(8) 洗完车后须用带有较长绒毛的毛巾抹干,长的绒毛能吸住脏物,使其不擦伤漆面。抹干时,也应遵循由上到下的原则,也不要太用力擦拭;车身各部件的缝隙、标识件间的缝隙水滴可用吹气枪吹干,操作时边吹边擦干;只要是能打开的部件,如行李箱盖、发动机盖等都要打开擦洗。

第二节　汽车表面顽固污染物清洗方法

汽车表面顽固污染物指用一般清洗液无法清洗干净的污染物，如沥青、焦油、树胶（树汁）、鸟粪、油漆尘和铁粉等，这些污染物必须用专用清洁剂和一定的方法才能清除干净。

一、沥青、焦油的清除

车身表面若沾上沥青、焦油等污物，一方面有碍汽车美观，另一方面会对车漆造成破坏。沥青、焦油中常含有有机酸性物质，被沥青或焦油长时间附着的漆面，在有机化合物的作用下会出现污斑。因此，当沥青或焦油附着于车身表面时，必须及时地清除。可以采取以下方法处理。

1. **抛光机清除**

使用抛光机清除时可加入适当的研磨剂，可有效地去除附着在车表的沥青、焦油等顽迹。如图 3-2-1 所示。

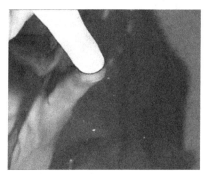 

图 3-2-1　抛光机清除

2. **有机溶剂清除**

如果刷洗难以清除污渍，可选用有机溶剂，但选用时一定要注意不可选用对车漆产生溶解作用的有机溶剂（如含醇类、苯类的有机溶剂、天那水等）。一般可用有机溶剂浸润后，擦拭即可清除。

3. **焦油去除剂清除**

焦油去除剂，即柏油沥青清洗剂，是汽车美容的常用产品，主要用于沥青及焦油等有机烃类化合物的清洁。使用专用的焦油去除剂，既可有效去除污物，又不会对漆面造成损坏。沥青污垢如图 3-2-2 所示，焦油去除剂清除具体方法如下：

（1）先将车身清洗干净。如图 3-2-3 所示。

（2）摇匀焦油去除剂，直接喷射到柏油污渍。如图 3-2-4 所示。

（3）稍停片刻，再用洁净软布将污渍擦干净。注意，不要让焦油去除剂在漆面停留太久，以免损坏漆面。如图 3-2-5 所示。

二、不干胶的清除

整块或整条的不干胶用加热方法很容易取下来，但不干胶的残留物，如胶带印，就比较难处理了，必须用专用清洗剂即不干胶清洗剂清洗。不干胶的残留物如图 3-2-6 所示。

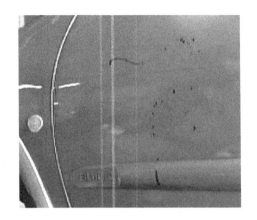

图 3-2-2　沥青污垢

图 3-2-3　清洗车身

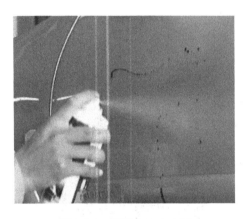

图 3-2-4　喷射焦油去除剂

图 3-2-5　用洁净软布擦干净

（1）先将不干胶清洗剂摇匀，然后喷于不干胶污渍处。如图 3-2-7 所示。

（2）稍等 3～5min，待污渍明显融化后，用湿毛巾或海绵轻轻擦拭，不宜用力过大。注意，不要让不干胶清洁剂在漆面停留太久，以免损坏漆面。如图 3-2-8 所示。

（3）清水冲洗车漆，擦干后打蜡上光保护。如图 3-2-9 所示。

图 3-2-6　不干胶污渍

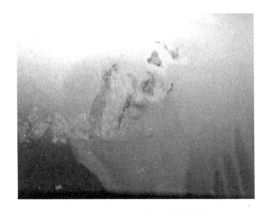

图 3-2-7　喷上不干胶清洗剂清洗

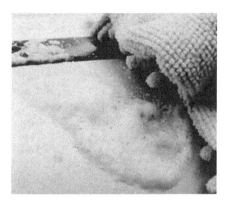 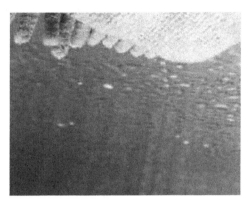

图 3-2-8　用湿毛巾擦拭　　　　　　　　　图 3-2-9　用清水冲干净

三、树胶、鸟粪的清除

汽车在行驶过程中，前保险杠附近会有很多昆虫撞击留下的痕迹（昆虫的尸体）；在夏季，鸟粪或树上的液体（树胶）很容易落到车身上。对这些污染物应及时清洗，否则紫外线和汽车的温度上升会加速它们的氧化和变质，从而导致斑点残留或弄伤表面涂层。昆虫尸体和已干结于车漆表面的鸟粪，用洗车液很难清洗，应选用专用清洗剂即树胶清洗剂清洗。操作方法与不干胶清洁方法一样，同样要注意，不要让树胶清洗剂在漆面停留太久，以免损坏漆面。

四、油漆尘、铁粉的清除

在洗车过程中，检查中发现车身外表没有任何损伤，但是用手触摸时感觉有许多的细小颗粒，那么很可能是油漆尘（也叫飞漆）、铁粉或硬沥青等污染物附着于车辆漆层的上面，它们不仅影响汽车美观，还容易使漆面受到破坏，尤其铁粉受热会扎进漆面，使车子生锈。

1. 清除方法

清除汽车表面这类顽固污染物可使用研磨剂（粗蜡）打蜡的方法，也可以用 $1500^{\#} \sim 2000^{\#}$ 美纹砂纸进行研磨。但最好的方法是使用汽车泥来去除，因为黏土有吸入和黏着作用，能将颗粒污点黏起而不伤害到漆面。

2. **使用汽车泥施工方法**

（1）用洗车液清洗车身，冲洗后不用擦干。

（2）将洗车泥用水冲洗，不断进行挤压搓揉，使其变软，并压平成手掌大小。如图3-2-10所示。

 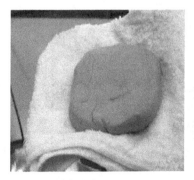

图 3-2-10　冲洗洗车泥并压平成手掌大小

（3）用水管或喷雾器等用具配合洗车泥洗车。一边加水，一边使用洗车泥轻轻擦拭，以交叉或打圆方式研磨漆面。如图3-2-11所示。

（4）使用干净洗车巾擦干被洗表面。如图3-2-12所示。

图3-2-11　边加水边研磨表面

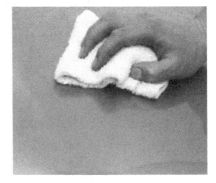

图3-2-12　用干净洗车巾擦干

（5）使用后包装好，收在阴凉处。

第三节　新车开蜡

汽车生产厂为了保护新车漆面不受气候影响而损伤，也防止车辆在运输过程中损伤漆面和能把新车安全地运往销售地，一般都在车身漆面上喷涂一层保护蜡，这就是运输保护蜡。运输保护蜡主要起保护漆面作用，隐藏了汽车漆面的亮丽色彩。去掉车身保护蜡的工作，称为"新车开蜡"。以往的"新车开蜡"是汽车销售公司在已经售出某辆车，准备交付车主前的"洗车"工作；现在有些新车表面会贴一层塑料纸，甚至有些高档车使用合身的"车衣"保护，这就无需开蜡了。

一、选择开蜡水

开蜡水亦称去蜡水，一般在3～8min内就可以将车表蜡层完全溶解，而且对漆面及塑料、橡胶件无腐蚀。

二、操作步骤

（1）清洁车身。使用清洗机冲去车表尘埃及其他附着物，并擦干净。注意不需用洗车液，以免浪费。

（2）调配开蜡水。把开蜡水按比例装进喷壶，与清水调兑成为均匀的喷涂液。如图3-3-1所示。

（3）喷洒开蜡水。在开蜡车身表面均匀喷洒开蜡水，注意缝隙的地方也喷洒到位。如图3-3-2所示。

（4）擦拭。在喷开蜡水6～7min后，用棉布、毛布或无纺布擦拭车表，注意缝隙地方也务必擦拭到。如图3-3-3所示。

（5）洗车液清洗。在擦干净开蜡水的车身表面、

图3-3-1　调配开蜡水

缝隙，先用清洗机冲洗，再用洗车液清洁车身。如图 3-3-4 所示。

（6）冲洗及擦干。再次使用清洗机冲洗车身表面及缝隙的洗车液及污物，然后擦干即可完成新车开蜡。如图 3-3-5 所示。

图 3-3-2　喷洒开蜡水

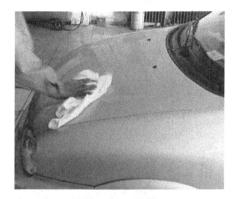

图 3-3-3　擦拭

图 3-3-4　洗车液清洗

图 3-3-5　高压冲洗

第四节　电脑洗车机洗车

各种电脑洗车机的洗车过程基本相同，在此以全自动隧道、滚刷式电脑洗车机介绍电脑洗车机的工作过程及注意事项。

一、人工预清洗

（1）对汽车污垢严重部位，或电脑洗车机难以清洗部位（如底盘下大边和车轮部位）先用人工预清洗。如图 3-4-1 所示。

（2）做好洗车前的准备，对影响机械清洗的零部件，如车用天线、出租车标识牌、后视镜等应取下或收起，进行单独清洗，待全车清洗完成后，再重新安装好。防止洗车过程中滚刷损坏部件。如图 3-4-2 所示。

二、电脑洗车机清洗

（1）人工清洗完成后，将车引导至机械清洗的停车位置，关好车窗和车门；提醒驾驶员将汽车挂空挡、不要熄火、放下手制动器，洗车过程中不要踏制动踏板。如图 3-4-3 所示。

图 3-4-1　人工预清洗

图 3-4-2　把后视镜收起

图 3-4-3　将车引导至机械清洗的停车位置

（2）启动清洗机，选择洗车功能，对汽车进行喷水。如图 3-4-4 所示。

图 3-4-4　启动清洗机开始喷水

（3）喷水完后，滚刷开始擦洗汽车的顶部、前端、发动机罩、后端及行李箱盖、两侧等处。如图 3-4-5 所示。

图 3-4-5　清洗机擦拭车身

（4）用喷头冲洗车轮及底盘底部，再对汽车各部位冲洗一遍。

（5）吹干烘干。在汽车车头到达电脑洗车房前端时吹干、烘干设施开始进行工作；汽车全部被送出电脑洗车房时吹干、烘干结束。如图 3-4-6 所示。

图 3-4-6　清洗机吹干烘干车身

（6）对汽车进行清洗质量检查，发现有残余污物或水痕处，可用手工补充清洗，直到全部清洁、干净为止。

 操作注意事项提示：

（1）汽车驶入洗车机时，必须停在规定的停车位置。
（2）洗车时，车内不要留人。
（3）洗车前，必须按照事先约定的具体要求，制定好洗车工艺流程。
（4）刚洗完的车，车轮上还有水分。刚启动时，要慢速行驶，才不致使灰尘再附着在车轮上。最好是待车彻底干燥后，再启动使用。
（5）电脑清洗机的滚刷，一般是用塑胶长丝条制作的，长期使用这种电脑清洗机洗车，在一定程度上会对车身涂膜有损伤，因此在可能的条件下，应减少采用这种方法的洗车次数。

(6) 电脑洗车时，会有部分死角，如车轮弧内及凹槽等处，还需配合人工清洗。

(7) 电脑洗车时，对一些比较隐蔽处的小缺陷，一般难以发现，若得不到及时修补处理，会留下扩大损伤的后患。同时，有的零部件在拆、装过程中，还容易发生损伤，影响使用寿命。

(8) 目前的电脑清洗机系列，其结构上大同小异，但适用的车型、具体的操作方法均不尽相同，在使用时，必须认真阅读设备的使用操作说明，以免发生误操作造成损失。

第五节 专业精致洗车

一、专业精致洗车工作准备

以2人合作的形式完成专业精致洗车全部工作。检查机器设备和工具是否正常，2人各用一辆工具车准备好洗车工具和用品。工具及用品放置工具车上情况如图3-5-1所示，具体准备的工具和用品见表3-5-1。

图 3-5-1 工作准备

表 3-5-1 专业精致洗车使用的工具和用品

序号	设备或工具名称	检查要求和说明
1	空气压缩机	环境通风，电源正常，机油正常处在红线标识上方
2	空气压缩机储气罐	管道密封，通气阀打开
3	高压清洗机	皮带正常，对应的水桶水量充足
4	吸尘器	电源正常，管道畅通，桶里的脏东西已干净
5	工具车	每人一辆，施工时随身摆放，所有工具不落地、材料不落地
6	储物盒	分别摆放干净的毛巾、干净的海绵、辅料和工具
7	毛巾	漆面一条、玻璃一条、内饰一条和底边门边等以下部位一条
8	海绵	涂抹简易镀膜海绵2块，底边海绵2块
9	轮胎刷	塑料板刷一只
10	轮毂刷	30cm长轮毂刷2个，刷洗轮毂顽固污渍
11	多功能小毛刷	刷洗边缝，轮毂
12	各类清洗液	看里面液体剩余量，喷头是否畅通
13	发泡枪	看发泡枪里洗车液是否充足
14	洗车机水管	看洗车机水管是否在工位，以防车压

二、专业精致洗车操作步骤

1. 接待

（1）目的

让客户有宾至如归的感觉，对美容服务产生信任感觉。

（2）方法

当车辆光临本店时，按正式的礼仪手势，指挥车主将车开进施工区，并且定位。前台接待应该快步向前迎接客人，将迎宾脚垫放在门前，打开车门问道"您好！"，整个服务应本着主动、热情、耐心、周到进行。前台接待员在了解客户需求的项目后并带领客户进入客户休息区休息。如图3-5-2所示。

图 3-5-2　美容接待

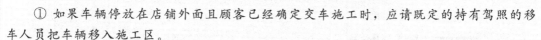

操作注意事项提示：

① 如果车辆停放在店铺外面且顾客已经确定交车施工时，应请既定的持有驾照的移车人员把车辆移入施工区。

② 顾客已经确认交车后，要礼貌提醒顾客交接车辆钥匙，并提示："请您不要在车上放置现金和贵重物品"。

③ 顾客特别交代车内某部位不用清洗的，必须尊重顾客意思，不要擅自清洗。

2. 检查车况

（1）目的

保证服务到位，彻底做好服务项目；避免事后因追加服务项目，造成误解产生不信任现象。

（2）方法

① 绕转检查整个车身，仔细检查。如图3-5-3所示。

② 汽车漆面是否有碰撞、刮痕等现象；检查车窗玻璃、车灯是否有损坏。

③ 检查车内的真皮等其他装饰物是否有破损。

④ 客户确认。检查出有问题的状况及时向车主反应并请签字确认。

⑤ 将车辆钥匙和收纳的物品交前台保管。

图 3-5-3　车况检查

操作注意事项提示：

① 检查时要与车主一起检查。

② 检查过程中，要做出车辆应该做何美容项目的判断。

3. 填写施工单

由主管或前台接待人员认真填写施工单，将车辆信息和车身状况填写完毕，并让车主签字同意。目的是为了让客户能了解具体的服务项目和相关费用，同意施工。如图 3-5-4 所示。

图 3-5-4　填写施工单

图 3-5-5　取出脚垫

4. 取出脚垫放到清洗位置

（1）目的

方便提前清洁脚垫，保证重新装回汽车前能干燥。

（2）方法

从汽车一侧开始撤出，主驾驶—主后排座—副后排座—副驾驶。注意要把脚垫稍为卷起一些，防止脏物掉到车里。如图 3-5-5 所示。

操作注意事项提示:

① 撤出过程中应用双手把脚垫上的尘土兜起,不能将脚垫上的沙尘遗落在地板上。

② 脚垫上的扣子不能要太用力拔,如发现有掉了扣子、脚垫有破损的要及时通知车主或接待该车的销售员再施工。

③ 将脚垫撤出后放置在干净及干燥的位置进行清洗。

5. 喷洒预洗液

(1) 目的

使车身上各种污秽物容易脱离车身,避免使用高压水枪直接冲洗车身上沙粒等硬物划伤漆面。

(2) 方法

用泥沙松散剂均匀喷洒车表的每个角落,特别注意死角,软化泥沙在车漆面的附着力,减少在洗车过程中对车漆面造成划痕。如图 3-5-6 所示。

 操作注意事项提示:

① 喷洒预洗液前检查车门、天窗,确保已经关闭好,以免喷到车内。

② 用水枪喷洒预洗液时,请注意调节为低水压。

图 3-5-6 喷洒预洗液

6. 冲洗车身

(1) 目的

初步把车身上污秽物冲洗干净。

(2) 方法

① 调试洗车机压力。准备工具并开始洗车,在洗车前要根据车漆的脏净程度,正确选择高压洗车机水枪,并调试好水压。如图 3-5-7 所示。

② 用高压洗车机冲车时应先从车顶部位开始冲起,呈 45°角,水枪和车身距离不得少于 15cm。如图 3-5-8 所示。

③ 冲洗顺序是:车顶、前挡风、雨刮槽、引擎盖、左前翼子板(主驾驶侧,洗车机一般放在左边)、左前门、左后门、后挡风、后尾箱、左后翼子板、后备箱侧面及后杠、后杠

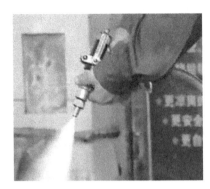 

图 3-5-7　正确调试水压

图 3-5-8　高压水枪冲洗方法

底边、左后轮毂仓轮胎轮毂、左侧底边、左前轮毂仓轮胎轮毂、前杠、前杠底边、右前翼子板、右前门、右后门、右后翼子板、右后轮毂仓轮胎轮毂、右侧底边、右前轮毂仓轮胎轮毂。如图 3-5-9 所示圆圈数字顺序。

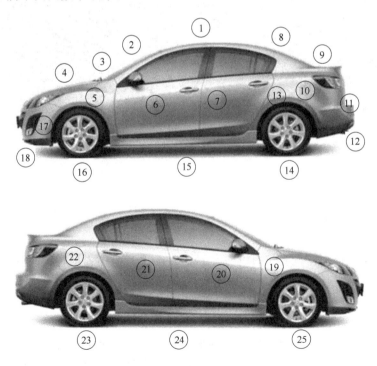

图 3-5-9　冲洗车身顺序

④ 冲洗时应按照流程以每个边缝为走线，水枪按照冲车的轨道一次要压住一次的逐行进行冲洗，不能画圆，也不能上下来回冲洗，以免将泥沙冲到已经冲洗干净的部位。水枪枪头距车漆是20～40cm，冲出来的扇形和漆面呈90°角。将油箱盖、后尾箱边缝等进行冲洗。冲洗轮胎轮弧部位时，应适当调整水枪冲力，然后把枪头伸进轮弧部位，彻底冲洗存留在轮弧上的污垢。

操作注意事项提示：

在高压水枪喷水压力调试过程中，不要直接对准车漆进行调试，应以邻近洗车机的后轮胎进行调试，尽量避免在调试过程中发生意外情况。
① 冲水时应朝着同一个方向冲洗，水柱成扇形。
② 冲洗车时不可忽视的部位是车身的下部及底部，因为大量的泥沙和污垢一般都聚集在这些部位，如果稍有不慎就会遗留下泥沙等杂物，在进行下一步的工序时就会划伤漆面。
③ 注意后视镜不要忘。
④ 冲后保险杆时应避免将水冲到排气管里面。
⑤ 避免把水冲到对面施工人员。

7. 喷洒洗车泡沫

（1）目的

使车身表面污秽物更加容量脱离。

（2）方法

可以使用专业泡沫机喷洒泡沫，也可以用龙卷风枪喷洒泡沫。

① 使用洗车泡沫机将洗车香波与水调试成1:(100～300)的比例。

② 根据需要从泡沫机加水口加入适量水。经过泡沫机透明的水量标尺可以知道加入的水量。如图3-5-10所示。

图3-5-10 加水口加入适量水

③ 从泡沫机加水口按照泡沫剂配比加入适量泡沫剂（洗车香波）。如图3-5-11所示。
④ 打开压缩空气开关，充注压缩气体，并把气体工作压力调整为0.4MPa。如图3-5-12所示。

⑤ 把泡沫均匀喷洒到车身上，喷洒顺序是：车顶—前挡风及前发动机盖—左侧车体—后尾箱—右侧车体—完成。如图 3-5-13 所示。

⑥ 用龙卷风枪喷洒泡沫更加方便。如图 3-5-14 所示。

图 3-5-11　加入适量泡沫剂

图 3-5-12　调整工作压力

图 3-5-13　用泡沫机喷洒泡沫

图 3-5-14　用龙卷风枪喷洒泡沫

操作注意事项提示：

在喷洒过程中一定要注意喷洒的方式，尽量减少在喷洒过程中出现浪费现象，腰线之下可不用喷洒。

8. 擦洗车身

（1）目的

彻底清洗干净车身表面污秽物。

（2）方法

① 准备好洗车熊掌、粉色大 8 字海绵、蓝色大 8 字海绵等工具。

② 按照正确操作顺序进行擦拭。如图 3-5-15 所示。

依次顺序为：发动机盖、中网、前翼子板、A 柱、前挡风、车顶、后挡风、后备箱、后备箱下部、翼子板、后门、前门、后视镜、全车下边（腰线以下，底边以上）、底边。

图 3-5-15　擦洗车身

操作注意事项提示：

① 漆面全车擦洗时所使用的工具，羊毛手套和 8 字海绵一定要干净，没有沙粒，而且要带水。

② 腰线部位以上选用洗车熊掌，腰线以下选用粉色大 8 字海绵，底边选用蓝色大 8 字海绵，擦洗完成后需放在清水里泡洗。也可用三种不同颜色的洗车巾，分车身上、中、下分别使用。

③ 全车擦洗时应注意直来直去，一路压一路，不能画圈，否则容易把沙子卷到洗车熊掌里。

④ 边缝的地方需用手指按住羊毛手套擦拭。

⑤ 擦拭底边时不要忘记挡泥板和排气筒。

⑥ 注意手法、姿势、步伐等要方便优雅。

9. 刷洗边缝

（1）目的

保证车身的每个细节都被清洗干净，让客户满意。

（2）方法

使用边缝清洁专用刷，从前到后、从上到下用边缝清洁专用刷配合洗车香波清洗汽车边缝里长期堆积的泥沙及水垢。如图 3-5-16 所示。

图 3-5-16　刷洗边缝

操作注意事项提示：

① 在清洗过程中用手护住毛刷，对颜色较深的漆面，不能用大力刷。
② 及时用水清洗"边缝清洁专用刷"，以免因操作失误而产生不必要的划痕。
③ 油箱盖、中网不要漏掉。

10. 再次冲洗车身

(1) 目的

把清洗的污物冲洗干净。

(2) 方法

使用高压水枪按照正确顺序冲洗汽车：

车顶、前挡风、前发动机盖、前保险杠、前翼子板及前轮毂轮胎、前门及底边、后门板及底边、后挡风及后备箱、后翼子板及后轮毂轮胎、后保险杠。

 操作注意事项提示：

① 在操作过程中应尽量避免遗漏的行为，前后车牌架、底边、前中网、油箱盖等部位不应出现遗漏现象。
② 同时要注意自己的步伐及速度。

11. 去除飞虫、鸟粪

(1) 目的

去除飞虫、鸟粪顽固污秽物，防止其腐蚀车身漆面。

(2) 方法

把飞虫鸟粪去除剂依次喷到车身污垢处，等到污垢开始溶解便可冲洗，遇到比较顽固污物可以用毛巾轻轻擦拭。具体参考"本章第二节 汽车表面顽固污染物清洗方法"介绍。

 操作注意事项提示：

① 虫尸多在前杠、前风挡及后视镜上，不必全车喷洒。
② 在液体干燥之前需用清水冲掉。

12. 去除沥青

(1) 目的

去除沥青顽固污秽物，防止其影响车容。

(2) 方法

将车身下部的水分粗略擦拭，把沥青去除剂依次喷到车身污垢处，等到污垢开始溶解便可冲洗，遇到比较顽固污物可以用毛巾进行擦拭。具体参考"本章第二节 汽车表面顽固污染物清洗方法"介绍。

操作注意事项提示：

① 大多沥青附着在车身下部，不必全车喷洒。
② 在液体干燥之前需用清水冲掉。
③ 沥青去除剂在塑料件或橡胶件上涂抹可能会变色，应避免使用。

13. 去除铁粉

（1）目的

去除铁粉顽固污秽物，防止其深层腐蚀车身漆面。

（2）方法

① 在车身湿润的状态下，向汽车漆面和轮毂等喷洒铁粉去除剂（除渍剂）。如图 3-5-17 所示。

图 3-5-17　向汽车漆面和轮毂等喷洒铁粉去除剂

② 喷洒除渍剂约 2～3min 后，漆面会出现紫红色液体，这时调低高压水枪压力后，把除渍剂及其他污物冲洗干净。如图 3-5-18 所示。

操作注意事项提示：

① 在液体干燥之前将其冲掉；铁粉也可以用汽车泥去除。
② 大面积去除汽车漆面铁粉，应以 30cm^2 范围喷洒一次为准，保证能及时冲洗干净。
③ 橡胶、玻璃等部件不许喷洒除渍剂。

14. 去除水垢

（1）目的

去除水垢顽固污秽物，防止其继续腐蚀车身漆面，影响车容。

（2）方法

在车身保持湿润的状态下，倒取适量水垢去除剂在 8 字海绵上，均匀地在车身上涂抹，然后来回擦拭，去除水垢。完成后用清水冲洗。如图 3-5-19 所示。

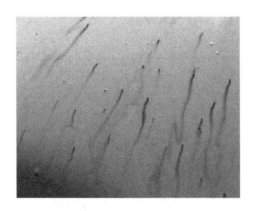 

图 3-5-18　漆面出现紫红色液体时用水枪冲洗干净

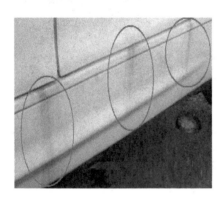 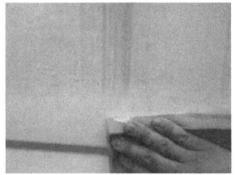

图 3-5-19　去除水垢

操作注意事项提示：

① 在污垢干燥之前进行冲洗。
② 去水垢所用海绵必须是湿润干净的。
③ 涂抹时要力度均匀，分块操作（发动机分为4块）。
④ 黑色车漆力度要轻。

15. 去除氧化层

（1）目的

增加漆面的光泽。

（2）方法

用黏土进行氧化层处理时。黏土需用含有充足水分的毛巾盖住，然后在漆面上横纵向擦拭，不要有遗漏，另一只手用来检查摩擦过的漆面；全车擦拭完之后用清水进行冲洗。具体参考"本章第二节　汽车表面顽固污染物清洗方法"介绍。

操作注意事项提示：

① 过黏土时车漆必须是在车身干净、湿润有水的状态下进行施工；避免在风沙太大的场所操作，否则容易造成刮伤。
② 注意车身的温度不要过高或过低。
③ 根据车漆氧化程度的不同选择黏土的种类及类别（黑、灰、蓝、绿）。
④ 一定要用带水的毛巾把黏土包裹起来使用。
⑤ 使用时要用另一只手不断感觉漆面氧化层处理的情况。
⑥ 应避免在塑料件和橡胶件上使用。
⑦ 黏土只能和清水一起使用，遇到其他产品（比如沥青清洗剂）会很快腐烂掉。
⑧ 黏土不慎掉在上时，如泥沙无法消除干净，请勿再使用，否则容易造成刮伤。
⑨ 处理如视为单项美容时，处理后必须给汽车上蜡维护。

16. 喷涂水晶外衣

（1）目的

使汽车经洗车后，光彩照人。

（2）方法

① 先将水晶外衣液喷洒在车漆表面，再用湿润的新海绵把它涂抹均匀；或者将水晶外衣液先喷洒足够在海绵上，再直接用海绵将液体在车漆表面涂抹均匀。如图 3-5-20 所示。
② 操作顺序依次为：车身下裙边、四个轮毂、全车玻璃、车身漆面。
③ 涂抹完成后采用水枪进行冲洗，注意不能用高压水冲洗，以免冲掉保护膜。一边用海绵块擦拭，一边用水将车漆表面的污染完全冲洗掉。如图 3-5-21 所示。

图 3-5-20 把水晶外衣液涂抹均匀

图 3-5-21 用流水枪进行冲洗

 操作注意事项提示：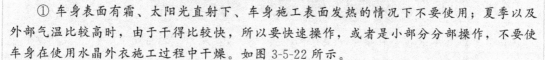

① 车身表面有霜、太阳光直射下、车身施工表面发热的情况下不要使用；夏季以及外部气温比较高时，由于干得比较快，所以要快速操作，或者是小部分分部操作，不要使车身在使用水晶外衣施工过程中干燥。如图 3-5-22 所示。
② 在车表面带水状态下喷涂"水晶外衣"，涂抹时需先横后纵进行操作。

图 3-5-22　不能在阳光直射地方喷涂水晶外衣

③ 在液体干燥之前必须用流水喷枪冲洗车身。

④ 按照流程进行操作，不要有漏涂的部位。

⑤ "水晶外衣"不能喷到汽车玻璃上，包括前后挡风玻璃和车门玻璃。

⑥ 车身喷涂"水晶外衣"的前期处理是针对有问题的车辆，如果是新车，或刚做过镀膜的车辆不需要做之前的漆面处理，可直接喷涂。

17. 全车擦干水分

（1）目的

使汽车表面干燥，清爽宜人。

（2）方法

两人使用潮湿吸水麂皮在车漆上进行擦干水分，顺序依次是：前发动机盖—前挡风—车顶—后挡风—后尾箱—后保险杠—后翼子板—后门板—前门板—前翼子板—前保险杠—完成。擦拭侧边时须把麂皮折成方块状，一手抓住4个角，另一手按住麂皮迅速擦拭漆面。如图 3-5-23 所示。

图 3-5-23　全车擦干水分

操作注意事项提示：

在全车擦干水分的过程中一定要注意不要把吸水麂皮牵拉到轮胎上，以免粘上沙子等脏物。

18. 全车吹干水分

（1）目的

使整个车身干净无水，避免因水分导致车身生锈。

（2）方法

使用风枪及漆面专用毛巾进行擦拭，吹水时一手拿吹气枪，另一手拿干燥毛巾，毛巾始终放在气枪之后，风枪吹水须顺一个方向吹，边吹边擦，用右手食指把气枪的出风口护住，要求边缝没有水流出，干净无污垢；严格要求各边缝不能藏水，包括后视镜、窗边缝、车门把手、前后盖、车灯边缝、油箱盖及车身接缝。如图 3-5-24 所示。

 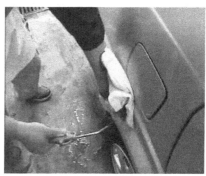

图 3-5-24　全车吹干水分

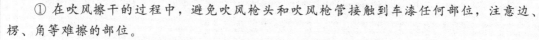

操作注意事项提示：

① 在吹风擦干的过程中，避免吹风枪头和吹风枪管接触到车漆任何部位，注意边、楞、角等难擦的部位。

② 两侧的后视镜部位是积水比较多的部位，一定要着重进行吹风擦干。

③ 前后的车牌照和前中网部位容易产生遗漏现象。

19. 轮胎清洁护理

将轮胎擦拭干净，对轮胎进行上光护理。

20. 轮毂清洁护理

冲洗轮毂的污物，并用干净洗车毛巾擦拭干净。注意，有些污物需用专用刷才能清理。

21. 擦拭门边及门框

（1）目的

清洁干净门边及门框。

（2）方法

① 打开各车门门框，用擦门边的专用毛巾将门框上的水分擦拭干净，擦洗门边时从上往下擦。如图 3-5-25 所示。

② 顺序依次是：正驾驶门框—正驾驶后门框—后备箱框—油箱盖—副驾驶后门框—副驾驶门框—完成。

③ 如遇到较脏门框可以用多功能小毛刷配合洗车香波进行清洗。

图 3-5-25　擦拭门边及门框

操作注意事项提示：

① 擦门框时应注意每擦完一个门框之后应把手中的毛巾换一个面，每条毛巾有8个面。

② 擦完门框时不要将门关上，以空出门板中的水分。

③ 开关门时应注意安全，避免发生意外事故。

④ 擦拭后备箱时注意不要让水流到后备箱里面。

22. 清洁发动机室及发动机表面

（1）目的

清除掉发动机室及发动机表面的污秽物，检查雨刮水、水箱水、机油、变速箱油、刹车油、方向机油等，雨刮水、水箱水等，保证行车正常。

（2）方法

① 待发动机室处于冷却时，打开发动机盖。如图 3-5-26 所示。

② 用塑料薄膜包扎电器元件。清洁前，应用塑料薄膜将发动机的电器元件包扎起来，如保险盒、发电机、高压线圈、蓄电池和汽车控制主电脑等，以防清洁时进水造成破坏。如图 3-5-27 所示。

图 3-5-26　打开发动机盖　　　　　图 3-5-27　包裹电器元件和接头

③ 发动机盖清洁。先用干净的干燥毛刷清扫发动机盖，再用湿润毛巾擦拭。如图3-5-28所示。

图 3-5-28　发动机盖清洁

④ 喷洒发动机外表清洗剂。用发动机外表清洗剂喷涂整个发动机室及发动机各部件总成，细小部位可配合毛刷擦拭。喷涂前，应先摇晃发动机清洗剂，然后将其均匀地喷涂于发动机的外部。停留 3~5min，以使污垢尽可能被吸附到泡沫中。如图 3-5-29 所示。

⑤ 刷洗。用毛刷刷洗发动机舱内物件表面，包括前挡风玻璃下方发动机盖与两前翼子板结合处的流水槽。如图 3-5-30 所示。

图 3-5-29　喷洒发动机外表清洗剂　　　　图 3-5-30　刷洗

⑥ 高压水冲洗。刷洗完毕，用高压水枪仔细冲去污秽。如图 3-5-31 所示。

⑦ 干燥。先用干净毛巾擦拭，再用吹气枪将发动机上的所有零件及间隙吹干。如图 3-5-32 所示。

图 3-5-31　高压水枪冲洗　　　　图 3-5-32　干净毛巾擦拭

⑧ 上光保护。先将发动机保护液均匀喷洒在发动机壳上，将橡胶护理剂喷洒在塑胶盖、橡胶管表面，再用打蜡海绵进行擦拭；最后用干净美容毛巾抛光。如图 3-5-33 所示。

⑨ 检查汽车的雨刮水、水箱水、蓄电池水，机油、变速箱油、刹车油、方向机油等；

(a) 上蜡

 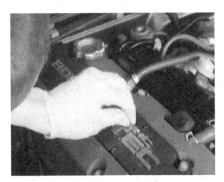

(b) 抛蜡

图 3-5-33 上光保护

雨刮水、水箱水不足时给予补充，其他部位有异常状况时，应告知车主。如图 3-5-34 所示。

 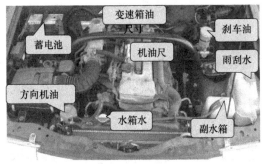

图 3-5-34 检查油和水

操作注意事项提示：

① 清洗发动机表面时，应在刷洗掉的污物未被风干前快速将其冲净。
② 清洁发动机表面的塑料或橡胶部件，不能使用研磨抛光。
③ 清洗后的发动机应在启动前确保电路系统已经彻底干燥。
④ 发动机在上光护理之前，要将水分完全清除，将非原装线路重新包裹后进行，以免保护剂随水分挥发掉。
⑤ 施工完毕后，应对发动机外表进行认真检查，并对遗漏的地方采取补救措施。

23. 清洗脚垫

（1）目的

清除脚垫上的污秽物，消除其异味。

（2）方法

脚垫清洗方法有两种。

① 干洗　不是很脏的脚垫或顾客没有特别交代做湿洗处理的按以下步骤作业：先用吸尘器吸取脚垫上的灰尘和小颗粒污染物，再在平台上将脚垫平铺后均匀地在绒面上喷洒"清洗剂"，并使用板刷刷洗，毛巾擦干净，吸尘器吸水。如图 3-5-35 所示。

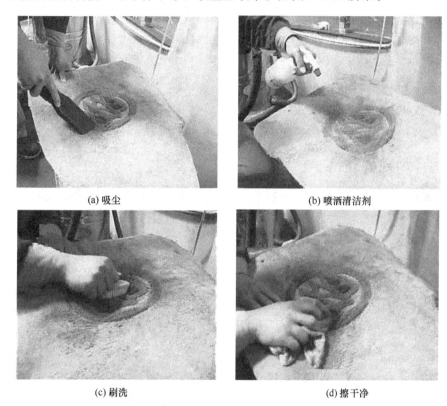

(a) 吸尘　　　　　　　　(b) 喷洒清洁剂

(c) 刷洗　　　　　　　　(d) 擦干净

图 3-5-35　脚垫干洗方法

② 湿洗　将脚垫铺放在地面上，先用清水冲洗脚垫（正反两面），用清洗剂均匀喷洒脚垫绒面；用专用板刷进行刷洗，用棍棒拍打，将污渍去除，用水枪或水管将脚垫充分冲洗干净。再放进脱水甩干机脱水，烘干机烘干；最后用机器把脚垫压平。如图 3-5-36 所示。

 操作注意事项提示：

① 一般对较名贵车的脚垫在其表面不是很脏的情况下实行干洗。

② 负责本工序作业者，在洗车完成后，要记得将脚垫放置到车内。

③ 要认清楚脚垫是哪辆车的，在有事需要离开时要交代清楚，以免放错。

24. 室内边缝及座椅等的吹刷

用龙卷风枪施工，按照"从上到下，从里到外"的顺序，确保车内的每一个角落都吹刷

(a) 清水冲洗　　　　　　　(b) 棍棒拍打

(c) 甩干　　　　　　　　　(d) 压平

图 3-5-36　脚垫湿洗方法

到位。目的是保证室内边缝及座椅等彻底干净。如图 3-5-37 所示。

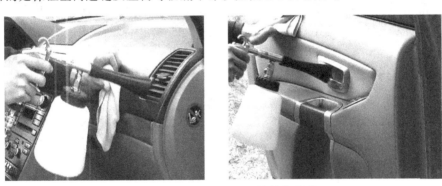

图 3-5-37　室内边缝及座椅等的吹刷

25. 吸尘

（1）目的

把汽车室内灰尘吸收干净，净化汽车室内空气。

（2）方法

① 清理垃圾。把车内储物箱、烟灰盒、地板和行李箱等处的垃圾清理干净。如图 3-5-38 所示。

② 收纳物品。把车内的物品如纸巾盒、个人物品等收拾好，把方向盘套和所有座椅上的座套、座垫、枕套取下并整理好，用一个储物箱放好，并记住物品原来的位置。如图 3-5-39 所示。

③ 先用毛巾将吸尘器的吸口擦干净，再进行各个部位的吸尘。

图 3-5-38 清理垃圾

图 3-5-39 收纳物品

④ 依次顺序是：仪表台、风道口、顶棚、座椅、车门和地板、行李箱。注意对座椅吸尘时，先吸边缝，再移动座椅进行地板吸尘，吸完后须复位。如图 3-5-40 所示。

⑤ 注意手套箱、烟灰盒、扶手箱等处的储物小空间也要吸干净。

操作注意事项提示：

① 在吸座椅的时候应先用潮润的毛巾将吸尘器的吸口擦干净，以免把座椅弄脏。

② 有些车的座椅是可以分开的（宝马），打开后将残留已久的沙粒吸干净。

③ 吸尘的过程中要将吸尘器移动到每一个位置，同时避免吸尘气的管道接触到车漆任何部位。

④ 如遇到较大垃圾不能随手一扔，拿出来放进垃圾箱。

(a) 吸仪表台灰尘

(b) 吸风道口灰尘

(c) 吸顶棚灰尘

(d) 吸座椅灰尘

图 3-5-40

(e) 吸车门灰尘

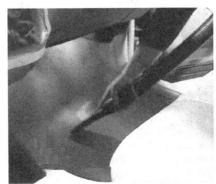
(f) 吸地板上灰尘

(g) 吸行李箱内灰尘

(h) 吸扶手箱上储物箱内灰尘

图 3-5-40　汽车室内吸尘

26．清洁内饰

（1）目的

清除汽车内部各种用品和装饰件表面污秽物。

（2）方法

① 进车前需先把专用脚垫放进车内。

② 将内饰万能泡沫清洗剂适量喷在被清洁物表面上，先用拧干的湿毛巾擦拭，再用干毛巾擦干，遵循"自上而下，自前往后"的原则，保证工作效率和工作质量，将各个附件的浮尘擦拭干净。

对非皮革、塑胶等附件，可以用软刷刷洗提高效率。

也可用专用清洁剂清洁仪表台等塑胶件。

③ 顺序依次是：顶棚上、主驾驶顶棚前区、仪表台（包括方向盘、转向杆等）、挡位扶手、脚踏板、前挡风内侧、主驾驶前门板、主驾驶座椅、顶棚后区、后挡风内侧、后储物台、主驾驶后门板、主驾驶后座椅、副驾驶后座椅、副驾驶后门板、副驾驶顶棚前区、副驾驶仪表、前挡风内侧、副驾驶座椅、副驾驶前门板、地毯。

④ 上光护理。将内饰人造革橡胶护理剂均匀喷到仪表台等塑胶件表面上，2min 后用毛巾擦拭干净。方向盘和手制动器手柄不需上光护理。

清洁内饰如图 3-5-41 所示。

(a) 清洁顶棚

(b) 清洁仪表台

(c) 仪表台上光护理

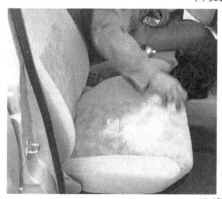
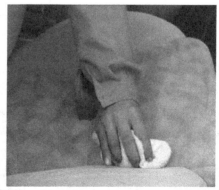

(d) 清洁座椅

图 3-5-41

(e) 车门清洁

(f) 车门塑料件上光护理

图 3-5-41　清洁内饰

操作注意事项提示：

① 在清洁的过程中应注意先后顺序。
② 使用专用的毛巾进行清洁，毛巾以拧不出水为准。
③ 遇到门板上有皮鞋印记可用纳米海绵配合内饰清洁剂进行擦拭。
④ 清洁完成后需将挪动的物品及挂件放回原位。
⑤ 室内作业人员应妥善保管好车上的物品，不得挪用、窃取车内物品和现金！不许在车内使用车上音响系统！

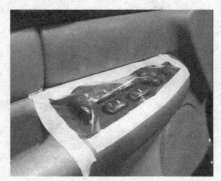

图 3-5-42　液态内饰清洗剂清洁前要遮蔽

⑥ 对音响电器部位不能直接喷洒清洁剂。

⑦ 如果内饰清洗剂是液态清洗剂，清洁时对仪表台和车门等电器部件要进行有效遮蔽，如图 3-5-42 所示。

⑧ 如果座椅是真皮面料，清洁时先用泡沫柔顺剂喷在真皮座椅和座套上，几秒钟后用干毛巾擦拭，较脏的地方可以反复清洁；再用真皮保护剂喷洒在真皮座椅表面，几秒钟用干净毛巾擦干即可。如图 3-5-43 所示。

 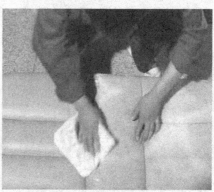

图 3-5-43　真皮座椅的清洁护理

27. 擦拭地毯

（1）目的

清除驾乘室和行李箱地毯的污秽物。

（2）方法

① 用多功能小毛刷配合洗车香波对脚踏板进行清洗，完成后将其擦拭干净。

② 先适当喷洒一些洗车香波到地毯或地胶上，用小毛刷进行擦拭，再用湿毛巾擦拭一遍，最后用干毛巾擦干。

③ 擦拭地毯顺序依次是：主驾驶前、主驾驶后、副驾驶前、副驾驶后、后备箱。如图 3-5-44 所示。

 操作注意事项提示：

对较脏的地毯要边喷清洁剂边用小毛刷进行擦拭。

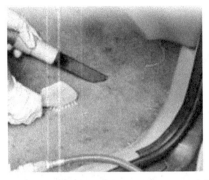
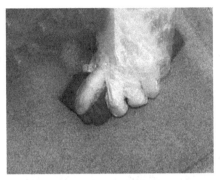

(a) 擦拭架乘室地毯

(b) 擦拭行李箱地毯

图 3-5-44　擦拭地毯

28. 放回脚垫

确保脚垫干净无水的情况下，原来撤脚垫的工作人员将清洗好的脚垫按照大、小、正、副的顺序整齐放置。目的是有条不紊的工作，避免遗忘。如图 3-5-45 所示。

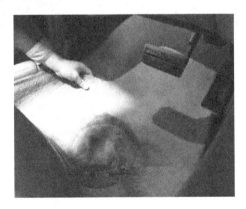

图 3-5-45　放回脚垫

29. 物品归位

（1）目的

完璧归赵、负责。

（2）方法

原来收纳车内物品的工作人员,从前台把物品取回,并按照原来位置放置整齐。

 操作注意事项提示:

① 归位后检查一遍。
② 忘记物品原来所放位置要询问车主。

30. 擦拭车窗玻璃

用干净湿的洗车巾仔细擦拭干净全车玻璃。注意,有顽固污染物时需用相应方法处理。

31. 全车检查

(1) 目的

为了不遗漏任何一个项目,保证每个项目都做到比较完美。

(2) 方法

检查洗车工序中容易遗漏的部位,如发动机盖边沿及内侧、前中网、后视镜、车门边缘内侧、车门把手内侧、后备箱边沿内侧、油箱盖内侧、车身底部、轮毂、轮胎、挡泥板及排气管等部件。四门边及后备箱是否关好,外部饰件应无尘、无污垢、无水痕;玻璃光亮如何;内饰部件无灰尘,室内无异味,座垫及脚垫摆放整齐有序。车上物品是否全部放回。

 操作注意事项提示:

① 检查时应该换位(人们总是善于发现别人的缺点)。
② 配合洗车质检表进行。

32. 交车

交车时,先通知前台或车主,然后手持毛巾,如车主发现有不满意的地方,要及时进行清理,如没有其他意见,便放好迎宾脚垫并为车主开门,车主上车后,要有一人站在后面指挥车辆,当车主注意到你时要挥手致意,表示你的友好。

 操作注意事项提示:

① 轮胎底部在上光时会有一部分被压住,提前和车主说明,等到车辆开出施工工位,停好后马上前去上光。
② 其他人员再次检查一遍车身。
③ 指挥车辆时,不要站在车身的正对面或正后面,应站在侧对面,以免被车撞到。
④ 开车门时,注意会否与其他物品相撞;关车门时,注意会否有物体放置在车门缝里,以免撞坏和被撞伤。

三、现场清理

工具、材料要注意归位。海绵、毛巾等需要清洗后放回原处,施工场地打扫干净。

操作注意事项提示：

① 施工过程中也要检查来车状况，发现异象立即上报并作记录。

② 检车安全：注意车牌、轮眉等较为锋利的车身安置物品，以免被刮伤。

操作技巧总结

洗车要分清楚洗车的方式，如一般洗车、专业洗车、精致洗车，各种洗车方式要求不一样，所用工具、设备、材料有所不同，工艺、操作环节也不一致。洗车时要讲究操作步骤的先后顺序、洗车液的配制比例、冲洗水压的高低等。

第四章 汽车玻璃美容装饰与操作技巧

第一节 汽车玻璃美容

一、汽车玻璃的清洁美容

汽车玻璃油烟可用去污王进行清洁，氧化层可用去污泥擦。

1. 目的

保养玻璃，保证行车安全。汽车玻璃就像人的眼睛一样不能有灰尘，应保持其干净、透亮，这样，既利于行车安全又明亮美观。前挡风玻璃如果受到细蜡、油脂、树汁、废油气、油漆和空气中的污染物污染，会使刮水器运行时造成跳动，使行驶时会有视线不良的情况，影响行车安全。汽车玻璃清洁包括前后挡风玻璃、车门玻璃、车灯和后视镜玻璃的清洁。

2. 方法

把玻璃降下来擦拭，先用擦拭门边的干净毛巾（潮湿）对玻璃框的边缝进行擦拭，然后把玻璃升起，用潮湿毛巾擦干水分（三次为准），将玻璃升起一半，擦干净玻璃最上部，全部升起，里外擦拭，选用湿毛巾擦拭第一遍（可配合玻璃清洁剂），然后用干毛巾擦拭（擦干水印）。

（1）初步清洗

初步清洗一般是在汽车洗车时一起进行的工作，主要指用洗车液进行的过程，包括清水冲洗、喷淋洗车液、擦拭和擦干等过程。如图 4-1-1 所示。

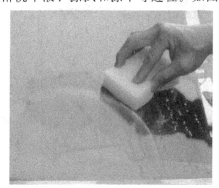 

图 4-1-1 玻璃初步清洗

图 4-1-2 顽固物清洗

(2) 顽固物清洗

用橡皮刮刀去除黏附在前挡风玻璃上的污斑、昆虫和沥青等。如图 4-1-2 所示。主要包括刮除、清洗和擦干等过程。

(3) 玻璃清洁剂清洗

① 根据玻璃清洁剂使用说明,按照比例调兑玻璃清洁液。如图 4-1-3 所示。

② 把调兑好玻璃清洁液均匀喷洒或涂抹在要清洁的玻璃上。如图 4-1-4 所示。

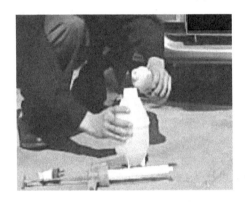

图 4-1-3 按比例调兑玻璃清洁液

图 4-1-4 喷洒玻璃清洁液

③ 用干净的柔软洗车巾擦干。如图 4-1-5 所示。

图 4-1-5 擦干玻璃

二、玻璃的防雾、防水

汽车玻璃的防雾、防水,需要在玻璃清洁干净的基础上进行。玻璃的防雾、防水可以同时对玻璃内、外侧进行,方法相同。

(1) 均匀地在玻璃表面涂抹玻璃防雾剂,如图 4-1-6 所示。

(2) 用软布将玻璃擦干净,如图 4-1-7 所示。

(3) 玻璃经过这样的处理后,将具有长效防雾功能。如图 4-1-8 所示。

第四章 汽车玻璃美容装饰与操作技巧

图 4-1-6　涂抹玻璃防雾剂

图 4-1-7　用软布将玻璃擦干净

图 4-1-8　防雾、防水效果

操作注意事项提示：

（1）擦拭玻璃用的毛巾不能太硬、不能脱毛，而且要吸水效果很好。

（2）后挡风玻璃内侧有防雾、除霜栅格线条，清洁时必须慎之又慎。只能用软布擦拭，且擦拭方向要与防雾、除霜栅格的线条方向平行，切不可相交，避免损坏防雾、除霜栅格线条。如果不慎破坏了，可用修复工具将断了的地方用导电涂料将其粘接起来。

（3）贴防爆膜的玻璃内部只能用干净的布轻轻擦拭。清洁侧窗玻璃时应把玻璃摇下清洁玻璃边缘。

（4）去除玻璃上的污斑、昆虫和沥青等时，不可用金属刀等铁质材料，以防划伤玻璃。

（5）禁止使用腐蚀性溶剂（如汽油）清洗汽车玻璃，以免因腐蚀作用使玻璃产生蚀痕、变得模糊不透明，影响汽车行车安全和车内观光。

（6）小心操作，避免压坏玻璃。

（7）要求做到无手印，无水印，不能有毛巾掉下的毛丝。

第二节　汽车玻璃贴膜

在汽车车身中，车窗玻璃占了很大的一部分面积。开阔的车窗可以保证驾驶安全，并给驾乘人员提供足够的与大自然接触的视觉空间。但在炎热的夏季，强烈的太阳紫外线会透过玻璃照射到汽车内室，从而灼伤驾乘人员的皮肤、加剧汽车内饰件的老化、增加空调系统的负担、增加油耗，甚至影响驾驶安全。因此，有必要对汽车车窗玻璃进行贴膜处理。

车膜按颜色不同有自然色、茶色、黑色、天蓝色、金墨色、浅绿色和变色等品种；按等级不同可分为普通膜、防晒太阳膜和防爆隔热膜等。在此以防爆隔热膜介绍车膜的作用、结构、质量鉴别和贴膜方法。

一、车膜的作用

1. 隔热

隔热是车膜的主要功能，隔热效果是衡量车膜质量的重要指标，优质车膜的隔热率可达85%以上。某车在车膜未安装前和安装后室内温度的比较，如图4-2-1所示。

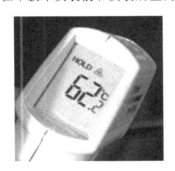

图4-2-1 某汽车车膜装贴前后室内温度比较

2. 透光

车膜应具有良好的透光作用，保证驾驶员在各种气候环境下行车都有清晰的视野，夜间视野清晰度能保持在60m以上，无视线盲区。透光能力用透光率来表示，优质车膜的透光率应为70%~85%。

前挡风玻璃是驾驶员获取交通信息的主要通道，为了保证行车安全，前挡风玻璃必须选用反光度较低、色系较浅的车膜，透光率必须大于70%。

3. 遮眩光

车膜应具有良好的遮眩光作用，保证驾驶员在行车时不会产生刺目的感觉。遮眩光能力用眩光率来表示，优质车膜的遮眩光率应为59%~83%。

4. 防爆

防爆车膜的结构中设有防爆基层，当挡风及门窗玻璃爆裂时应能有效地防止碎片飞散，以保护乘员的人身安全，或降低受伤害的程度。

5. 耐磨

优质车膜具有高质量的耐磨层，膜面有防划伤保护层，可延长车膜使用寿命，确保施工时不留下任何划痕，保持车膜的美观。

6. 单向透视

单向透视指无论白天还是黑夜，从车内往外看应非常清晰，从外往里看应比较模糊，有利于保护汽车室内人员的隐私。

二、车膜的结构

不同类型、不同品牌的车膜结构有较大的差异,优质车膜通常包括透明膜胶质保护层、感压式粘胶层、紫外线防护层、金属隔热层、安全基础层、固定式粘胶层、抗氧化隔离层和耐磨损层等。优质车膜的基本结构如图 4-2-2 所示。

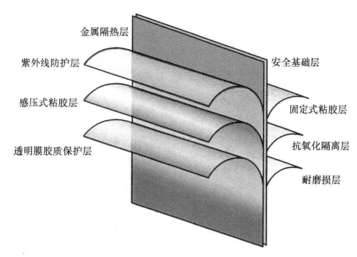

图 4-2-2　优质车膜基本结构

三、车膜质量的鉴别方法

市场上出售的车膜品种繁多,但质量差异很大。一般可通过如下几个方法来鉴别车膜质量的优劣。

1. 手感鉴别

用手触摸车膜,感觉厚实平滑,韧性好的属于优质车膜,它的表面经过硬化处理耐磨损,长期使用也不会划伤表面;感觉薄而脆,折叠容易起皱的属于劣质的车膜,在安装中刮刀刮水或者使用过程中摇动玻璃后,往往会在膜上留下划痕。

2. 声响鉴别

用指头轻轻弹击,发出的声音接近于弹击薄金属板发出声音的属于优质膜,与弹击纸张发出的声音差不多的属于劣质膜。

3. 气味鉴别

揭开车膜保护层时,闻到刺鼻气味的属于劣质膜,使用过程中容易出现褪色、龟裂、起泡等状况,且严重影响到汽车驾驶员和乘员的身体健康;无异味的属于优质膜。

4. 色泽鉴别

优质车膜是一种高科技产品,它采用金属溅射工艺,将镍、银、钛等金属涂于天然胶膜上,有自然柔和的金属光泽,颜色均匀无深浅不匀的色差,从车内往外看窗外自然景色不会变色;普通膜是将颜色直接融在胶膜中,撕掉上层塑料纸后,在地面上摩擦或用指甲刮削粘贴面,会有颜料脱落产生褪色变成透明的现象。

5. 气泡鉴别

撕开车膜的塑料内衬后再重新合上,完好如初的是优质车膜,有气泡产生的是劣质车膜。

6. 溶剂鉴别

剪下一小块膜，用酒精涂在粘贴面并擦拭，擦不掉颜色的是优质膜，容易掉色的是劣质膜。

7. 透光率鉴别

防爆隔热膜无论颜色深浅，透视性能均应保持有足够清晰度。即使在夜间、雨天，贴了防爆隔热膜的玻璃也应能保持良好视线，保证行车安全。优质膜在汽车夜间行驶时的清晰度能在60m以上，而普通的染色太阳膜，颜色很深，靠颜色隔热，从车里向外看总有雾蒙蒙的感觉。较准确的透光率可通过光学透过率测量仪测定，如图4-2-3所示。

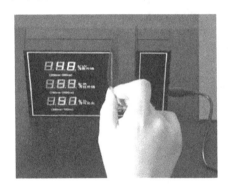 

图4-2-3 透过率鉴别

8. 隔热性能鉴别

车膜隔热性能可利用热能接收仪鉴别。从车膜上剪下一小块（最好粘贴在玻璃上后再测试），放在红外线灯与热能接收仪之间，热能接收仪显示屏上便显示出热量值；用此数值与没有车膜隔热时的数值做简单计算，便知道车膜的真实隔热率。如图4-2-4所示。

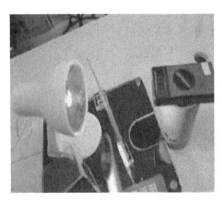 

图4-2-4 隔热性能鉴别

9. 隔紫外线能力鉴别

把车膜放在一张人民币真钞上面，然后用紫外线验钞机来鉴别。验钞时，依然能看到或模糊地看到人民币内隐藏的"100"或其他防伪标记，说明这车膜是劣质膜，没有防紫外线的能力或者防紫外线的能力较差；看不见防伪标记的是能防紫外线的优质膜，如图4-2-5所示。

图 4-2-5　隔紫外线能力鉴别

四、车膜的施工方法与步骤

汽车玻璃贴膜包括前、后挡风玻璃和两边侧窗玻璃，前、后挡风玻璃贴膜施工方法基本一样，所有侧窗玻璃的贴膜方法都一样。

（一）准备工作

1. 车身外表清洁

准备贴膜的汽车，贴膜前要把车身外表清洗干净，减少灰尘，保证贴膜质量。

2. 除下前挡风玻璃上的装饰物及其证件

（1）在汽车前挡风玻璃的内面右上方，通常贴有各种与本车辆有关的证件，例如合格证、年检证、通行证等，在贴膜前必须先除下来。

操作时先简单清洁玻璃，然后用热风枪边吹边撕开各证件，撕开后还要用不干胶清洁剂进行彻底清洗；务必注意小心操作，以防损坏证件。如图 4-2-6 所示。

图 4-2-6　撕下前挡风玻璃上的证件

（2）如果前挡风玻璃安装有室内后视镜，在清洁玻璃内侧前要拆下，待车膜装贴完毕再安装回位。

3. 检查有无旧车膜

新车一般没有旧车膜，但旧车必须先检查有无旧车膜，如有按照以下方法清除旧车膜。

（1）先用不伤玻璃的硬质刮片轻刮旧车膜，刮出大面积后使其卷曲再撕掉。

（2）对无法撕掉或大面积撕掉后残留的小块旧太阳膜，使用不干胶清洁剂喷涂后用干毛巾擦掉。

（3）用软质干抹布擦干玻璃。

4. 工具准备

贴膜前应准备好喷雾器、棉毛巾、擦洗垫、刮刀、量具、裁剪刀和可替换刀片等工具。

5. 环境准备

为确保车膜粘贴质量和效果，贴膜操作必须在整洁有序、光线充足的封闭无尘间进行。专业贴膜的无尘间安装有喷淋装置，可通过喷雾降低空气中的灰尘；如果不是无尘的操作间，贴膜前可以用喷壶向房间四周及地板轻喷一层雾水来降尘，减少贴膜气泡的产生。如图4-2-7所示。

图 4-2-7　无尘贴膜间

6. 遮盖保护

（1）车身外表漆面保护。用较厚的吸水大毛巾遮盖在发动机盖、行李箱盖上，用翼子板专用遮蔽布盖在前后翼子板上，防止清洗玻璃的污液弄脏漆面，贴膜操作时损伤漆面。车身外表漆面保护如图4-2-8所示。

图 4-2-8　车身外表漆面保护

（2）汽车室内保护。用胶带纸将汽车电器部件贴上，防止清洗液进入电器而导致电器短路；用拧干水的大毛巾盖在仪表台、后窗台上；用座椅套将汽车座椅全部套在座椅上；用备用脚垫放在原车脚垫上；用塑料薄膜遮蔽车门内饰板等，防止贴膜时弄脏。如图4-2-9所示。

（二）下料

根据汽车待贴玻璃的形状，裁剪出前挡风玻璃、后挡风玻璃、两侧所有车窗的车膜。

图 4-2-9　汽车室内保护

1. 样板下料

如果汽车美容店配备有常见车型的玻璃形状车膜样板，可以利用样板快速裁好所需车膜。如图 4-2-10 所示。

2. 无样板下料

（1）确定下料方式

① 太阳膜的宽度一般是 152cm，长度不同厂家不同，如有 3048cm、2400cm、1200cm 等。在下料时可以根据前挡风玻璃的宽度尺寸，选择以车膜宽度方向为准进行横向裁膜或者以长度方向为准进行竖向裁膜（套裁）。因为横向裁膜节省材料，竖向裁膜（套裁）浪费材料。常见的前挡玻璃尺寸如图 4-2-11 所示。

图 4-2-10　某车型的侧窗车膜样板

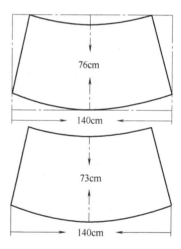

图 4-2-11　常见的前挡玻璃尺寸

② 如遇需要对车膜进行烘烤作业，建议还是采用竖向裁膜（套裁），因为车膜的收缩率纵向（筒装车膜原来卷曲方向即纵向）要比横向大得多，烤膜相对容易些。竖向裁膜（套裁）方法如图 4-2-12 所示。

（2）粗略地测量车窗玻璃的尺寸。如图 4-2-13 所示。

（3）平整地拉出施工用卷桶车膜并压平，根据测量的尺寸裁下基本膜形。如图 4-2-14 所示。

（4）按照以上方法，裁剪完成前挡风玻璃、后挡风玻璃、两侧所有车窗的车膜。

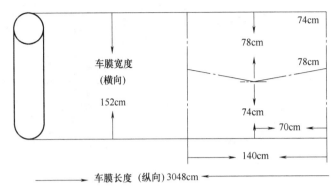

图 4-2-12　竖向裁膜（套裁）方法

图 4-2-13　测量车窗玻璃的尺寸

图 4-2-14　根据测量的尺寸裁下基本膜形

（三）定型

定型主要针对汽车前、后挡风玻璃，因为汽车玻璃的前后挡风玻璃不是平面的，有较大的弧形，但对所有有弧面的玻璃，在贴膜前必须依照所作业车辆对车膜进行定型，才能粘贴在玻璃上。车膜定型的主要手段是用热风机烤膜，是在玻璃外侧进行，前、后挡风玻璃膜的定型方法如下。

常用的车膜定型方法有两种，即湿法定型（有水烤膜）和干法定型（无水烤膜）。相比较干法定型速度快，车膜收缩比较均匀，操作更安全，能烤好弧度比较大的区域，不像湿法定型易损坏玻璃。

1. 干法定型

（1）清洗玻璃，先用玻璃清洗液喷玻璃外侧，再用洗车泥擦洗、刮板刮洗，最后用干净的抹布擦干。

（2）涂上化石粉（婴儿爽身粉）。也可以用嘴轻轻一吹把化石粉吹到玻璃表面上。

（3）喷涂车膜定位水带。在抹布上喷点水，如果是竖裁的膜，就先用带水的抹布在玻璃的中间抹过来，然后再抹玻璃左右两边，在玻璃上便形成了"H"形水带；如果膜是横裁的，那就要在玻璃的中间竖抹下来，再抹上下两边。目的是要让车膜吸附固定在玻璃上，注意水带要细些（约3cm），太大会影响收缩面。竖裁车膜的定位水带如图 4-2-15 所示。

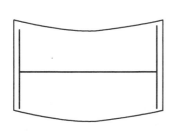 

图 4-2-15　竖裁车膜的定位水带

（4）将车膜铺在待贴玻璃上，并把四周多余的车膜剪掉；注意车膜周围要留 2～3cm 等定型后再精裁，铺膜时车膜保护层要在外。

（5）用手和刮板从有水分的玻璃中间把膜往两边抹平。如图 4-2-16 所示。

（6）烘烤温度。干烤车膜时因为玻璃没有水分，膜吸热面广，对热量的反应快，烤枪的温度不能太高，以免烤煳车膜；烤车膜时眼睛一定要专注车膜的收缩情况。如图 4-2-17 所示。

图 4-2-16　用手和刮板抹平　　　图 4-2-17　调整好烘烤温度

（7）整形时，主要是烤车膜的上下边部位。应该用螺旋转动或摆动热风枪手法进行烤膜，每一次螺旋转动的圆圈都要与前一个圆圈重叠1/3，才能使膜受热均匀。注意烤膜时热风枪热风方向与车膜垂直；用另一个手的手指压平（同时稍为施加一点拉力）要烤的位置，并随着热风枪移动。烤膜时，注意要有次序，从中间开始，依此向两边进行。干烤车膜手势及主要位置如图 4-2-18 所示。

（8）用塑料刮板刮平。整形后，先用塑料刮板沿车膜中间横向刮一道，再分别向车顶和发动机盖方向把车膜刮平，挤出车膜与玻璃之间的气泡。

 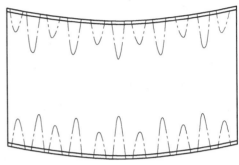

图 4-2-18　干烤车膜手势及主要位置

（9）再利用热风枪配合刮板刮平车膜四周边缘位置。如图 4-2-19 所示。

（10）如车膜边缘上有没有烤到位的位置，用热风枪"点"烤，即热风枪不旋转，对准车膜没有与玻璃贴合位置离开一定距离忽远忽近地加热，注意不能碰到车膜，以免损坏玻璃。如图 4-2-20 所示。

图 4-2-19　刮平车膜四周边缘　　　图 4-2-20　"点"烤

（11）检查车膜粘贴效果。把膜揭起来并喷上安装液，用挤水刮子刮平，检查膜和玻璃是否服帖，如果有小的气泡就用湿烤的方法烤平。注意：检查时一整张膜只能揭开一半，喷上安装液固定好以后，再揭开另一半，不能同时把整张膜揭开喷水，否则膜容易变形或滑动错位。如图 4-2-21 所示。

图 4-2-21　检查车膜粘贴效果

（12）精确裁切。按照前后挡风玻璃边缘的陶瓷点位置（即小黑点位置）为界精确裁切车膜，精确裁切后取下备用。

2. **湿法定型**

（1）将玻璃清洗干净，均匀地喷涂安装液在玻璃外侧表面。如图 4-2-22 所示。

图 4-2-22　喷涂安装液

（2）放置车膜。以保护层在外的方式把车膜放到挡风玻璃外侧表面，并把较多余的车膜切割掉。如图 4-2-23 所示。

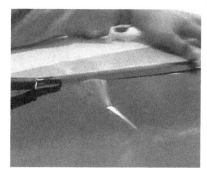

图 4-2-23　放置车膜并切割掉较多余的车膜

（3）向车膜胶面和玻璃表面喷涂安装液。如图 4-2-24 所示。

（4）如果车膜位置不够正确，可以用手压住膜面，并左右、上下移动。如图 4-2-25 所示。

图 4-2-24　喷涂安装液　　　　　　图 4-2-25　挪正车膜

（5）用刮水刮板赶水，从中间向四周平顺、反复地横刮、竖刮，使得膜与玻璃完全贴合。赶水前可以先向车膜喷洒安装液，更加方便操作。如图 4-2-26 所示。

图 4-2-26　先中间后两边赶水

（6）粗裁膜。用裁纸刀粗略切出膜的周边大小，以比挡风玻璃的周边陶瓷点宽出 1cm 左右为宜，并切齐边缘。在裁膜过程中，发现玻璃边缘的膜不能完全与玻璃贴合，有局部玻璃膜拱起现象，可将热风枪的温度调至较高烘烤此部位，然后立即用刮板刮平。粗裁膜如图 4-2-27 所示。

 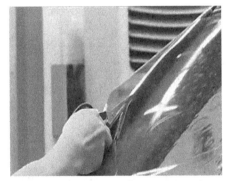

图 4-2-27　粗裁膜

（7）用烤枪烘烤并配合刮板挤水。对于后挡风玻璃，由于弧度较大，烘烤两遍更好，即烤完第一遍后喷水再烤第二遍。湿烤挡风玻璃刮膜挤水手势及主要位置如图 4-2-28 所示。

 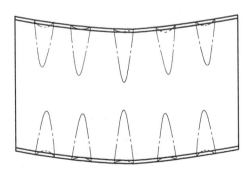

图 4-2-28　湿烤挡风玻璃刮膜挤水手势及主要位置

（8）精裁膜。当玻璃边缘的膜完全与玻璃贴合后，可用裁纸刀进行精确裁膜，将多余的膜割去。

对于挡风玻璃，一般都是采用不压点贴膜，即车膜不要遮盖住玻璃上的陶瓷小黑点，所以其贴膜大小以不压点为宜;对于车门窗玻璃,膜的大小以比车门窗玻璃小 3～4mm 为宜。精裁膜如图 4-2-29 所示。

 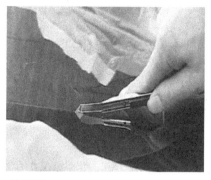

图 4-2-29 精裁膜

(9) 清洁车膜。先喷洒安装液,再用橡胶刮和毛巾将烤好的车膜清洁干净。

(10) 收起车膜。要收起已经定型的车膜,可以用卷起来的方法,但要小心,不能使其产生褶皱。如图 4-2-30 所示。

图 4-2-30 收起已经定型的车膜

(四) 贴膜

1. 前挡风玻璃贴膜

前挡风玻璃贴膜一般是两人合作,但也可以一人操作,以下介绍一个人的操作过程。

(1) 清洗前挡风玻璃内侧。注意彻底清洗挂装饰物或室内后视镜底座缝隙。如图 4-2-31 所示。

图 4-2-31 清洗前挡风玻璃内侧

(2) 喷洒安装液。向清洁干净的玻璃表面喷洒安装液,注意喷洒要均匀。如图 4-2-32 所示。

(3) 将已经定型好的、卷曲收起来的前挡风玻璃膜小心地慢慢打开,应注意不要将膜弄褶。如图 4-2-33 所示。

(4) 当车膜被打开大约一半时,揭开保护层并立即往胶面上喷安装液,以防玻璃膜胶粘在一起。如图 4-2-34 所示。

(5) 两手配合,先使已经喷洒安装液的一半车膜贴在前挡风玻璃上,然后左手托住这一

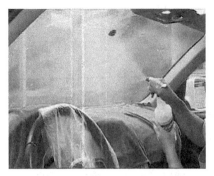
图 4-2-32　向玻璃喷洒安装液

图 4-2-33　把卷起来的车膜打开

半；用右手打开另一半车膜，并撕掉保护层薄膜，均匀地往车膜胶面上喷洒安装液，并贴到玻璃上。要特别注意：应该将车膜带胶的面贴到前挡风玻璃内侧。如图 4-2-35 所示。

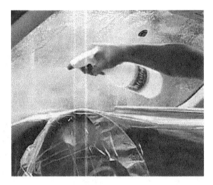
图 4-2-34　向已打开膜喷安装液

图 4-2-35　贴另一半

（6）向整个已经贴到前挡风玻璃上的车膜喷安装液。如图 4-2-36 所示。

（7）赶水。用刮水刮板从中心刮向边缘，从上刮到下，反复进行，直到完全将膜与玻璃之间的水除干净为止，如图 4-2-37 所示。

图 4-2-36　喷车膜安装液

图 4-2-37　赶水

（8）检查车膜是否放正确。如果车膜位置有偏差，可左右、上下移动车膜直至到合适位置。如图 4-2-38 所示。

（9）用专用挤水刮板挤水。注意顺序是由中间往两边，把车膜和玻璃间所有水分挤干净。如图 4-2-39 所示。

图 4-2-38　调整车膜位置

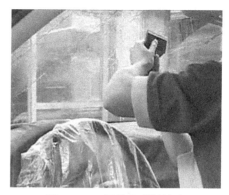
图 4-2-39　用挤水刮板挤水

(10) 用刮板清洁车膜表面。并仔细检查车膜是否有气泡等缺陷，如有必须立即处理。如图 4-2-40 所示。

(11) 用长刮板挤水。前挡风玻璃下边空间较小，需要使用长刮板才能把车膜水分挤干净。如图 4-2-41 所示。

图 4-2-40　用刮板清洁车膜表面

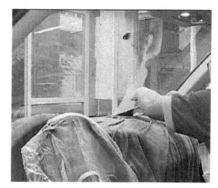
图 4-2-41　用长刮板挤水

(12) 收边。用干净的湿软抹布包裹住塑料刮板，并用热风枪适当加热，把车膜四围及有凸起位置的孔洞周围水分、气泡挤出。观察所贴的膜是否平整。如发现边角翘起，则可用烤枪把铁刮板烤热前压平翘起部位。如图 4-2-42 所示。

(13) 物归原位。如果贴膜前有拆下来的物品如室内后视镜等，把它们安装回原位。如图 4-2-43 所示。

图 4-2-42　收边

图 4-2-43　物归原位

图 4-2-44 清洁

(14) 清洁。用干净软的美容巾把车膜擦拭干净。如图 4-2-44 所示。

2. 后挡风玻璃贴膜

后挡风玻璃贴膜按照上述前挡风玻璃贴膜方法进行。

3. 前门右侧窗玻璃贴膜

为了保持贴膜的连贯性，前门右侧窗玻璃贴膜从车膜定型到装贴完毕，以流水线形式介绍。

(1) 清洁玻璃外侧。在侧车窗玻璃外侧喷涂玻璃清洗剂，用干净毛巾擦拭干净。如图 4-2-45 所示。

(2) 均匀喷涂车膜安装液。如图 4-2-46 所示。

图 4-2-45 清洁玻璃外侧

图 4-2-46 喷涂车膜安装液

(3) 分辨好车膜正、反面，按照车膜保护层朝外方式把车膜放置在玻璃上。如图 4-2-47 所示。

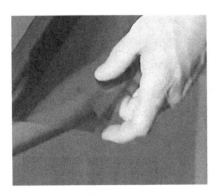

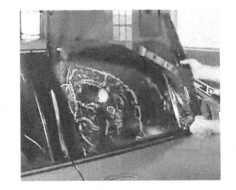

图 4-2-47 放置车膜

(4) 赶水。先均匀喷洒车膜安装液在车膜表面，再用刮刀把车膜与玻璃间的水分全部挤出。注意，赶水过程中，要挪正车膜位置。如图 4-2-48 所示。

(5) 精确裁膜。车膜与玻璃完全贴切后，把侧窗车膜上边、左边、右边多余的部分用刀切去。如图 4-2-49 所示。

(6) 清洗侧窗玻璃内侧表面。经过喷洒清洗液、用抹布擦拭、用刮刀刮除过程把玻璃表面彻底清洁干净。注意，车门玻璃框四周也要确保干净；可先用抹布包裹住刮板，再用刮板

第四章 汽车玻璃美容装饰与操作技巧

 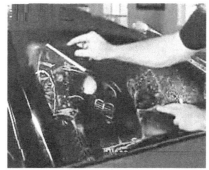

图 4-2-48 喷涂安装液和赶水

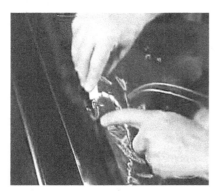 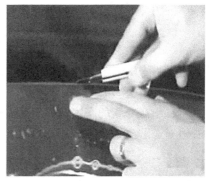

图 4-2-49 精确裁膜

的角清洁。如图 4-2-50 所示。

(a) 喷洒清洗液　　　　　　　　　　　(b) 抹布擦拭

(c) 用刮刀刮除　　　　　　　　　　　(d) 清洁缝隙

图 4-2-50 清洗侧窗玻璃内侧表面

（7）把车膜保护层薄膜撕开。把车膜保护层薄膜撕开的技巧是：用两小块胶带纸，先分别粘在车膜的某个角边缘上，再向两个方向拉开小块胶带纸，就很容易把车膜和其保护层薄膜分开了，这方法既卫生又方便快捷。如图 4-2-51 所示。

图 4-2-51 把车膜保护层薄膜撕开的技巧

（8）在撕开车膜的保护层薄膜过程中，要边撕开边向车膜胶层喷涂安装液以免其胶干燥快，影响贴膜。如图 4-2-52 所示。

（9）把撕开保护层薄膜的车膜转移到侧窗玻璃室内侧，有胶那面贴在车窗玻璃上。注意上边、左边、右边不能贴到边缘，要留出 3～4mm，防止玻璃升降时影响到车膜。如图 4-2-53 所示。

 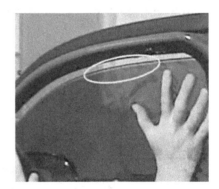

图 4-2-52 边撕边喷　　　　　　　　图 4-2-53 注意边缘尺寸要求

（10）向车膜表面均匀喷涂安装液。如图 4-2-54 所示。

（11）赶水和挤水。用刮刀把车膜与玻璃之间的水分、气泡全部赶走。如图 4-2-55 所示。

图 4-2-54 喷涂安装液　　　　　　　　图 4-2-55 赶水和挤水

(12) 把车膜下边多余部分切割掉，并把边缘水分挤出。如图 4-2-56 所示。

图 4-2-56　处理车膜下边多余部分

(13) 收边。用抹布包裹住刮板，对车膜四边小心进行擦拭，把所有水分和气泡挤掉。如图 4-2-57 所示。

(14) 清洁。把车膜及车门擦拭干净。如图 4-2-58 所示。

图 4-2-57　收边　　　　　　　　　图 4-2-58　清洁

4. 其他侧窗玻璃贴膜

其他侧窗玻璃贴膜按照上述前门右侧窗玻璃贴膜方法进行。

(五) 检查

(1) 检查粘贴是否牢固，特别对于边角部位更要仔细检查。

(2) 检查车膜与玻璃之间有无气泡。

(3) 检查整张车膜有无褶皱。

(4) 检查车膜表面有无刮痕，如发现问题应立即返工。

(5) 最后将汽车驶到室外，在日光下做进一步的视觉检查。

(六) 警示标志

车膜粘贴用的是压敏胶，要待玻璃与车膜之间的水分全部蒸发完毕后，车膜才能牢固地粘贴玻璃上；不同的车膜及不同的天气情况下贴膜，装贴后干燥速度也不尽相同，快则 2 天，慢则需要 7～15 天；在某种气候下，车膜还可能会出现雾状或水珠状的斑点，不过这是正常现象，时间一长它就会慢慢消失。所以，为保证车膜装贴质量，贴完膜后的车门窗玻璃三天之内不能升降，两天之内不能将空调的风直接往前挡风玻璃上吹。为了提醒车主，可以在车门窗玻璃的升降开关处和空调通风口贴上警示标志。如图 4-2-59 所示。

图 4-2-59　警示标志

（七）清洁

拆除遮蔽物，清洁工作区，擦干水渍。

操作注意事项提示：

（1）贴膜安装液由水和润滑剂调节成。其中的水应该是熟水、软水，即纯净水经过煮沸后凉下来的水，不能直接用纯净水、自来水和矿泉水等；其中的润滑剂必须是绝对中性的清洁剂，如淋浴露等，不能用偏酸、偏碱的清洁剂，否则会起化学反应影响车膜装贴效果。

（2）隔热膜是贴于玻璃内侧的，不能贴于外侧。

（3）在对旧车膜底胶剥离时，由于所用的清洗剂含有氨成分，在作业中应打开车门通风。

（4）粘膜相关操作必须在无尘间操作完成，严禁在路边施工。

（5）贴隔热膜时，玻璃必须彻底洁净，防止污物影响隔热膜的黏附力和透视率。

（6）注意保护车身漆面。避免因烤膜损伤发动机盖、行李箱盖的漆面，可用美容大毛巾遮盖发动机盖、行李箱盖。

（7）严格控制烤膜温度、时间及手势，避免损坏车膜和玻璃。

五、车膜装贴质量检查

（1）前挡风玻璃车膜要整张装贴，不能拼接；后挡风玻璃车膜一般情况也必须整张装贴，但在有金属加热线及天线夹在玻璃内侧的情况下，必须拼贴，以免长时间加热影响其使用寿命，但拼接时不得出现两次以上未对齐现象。未对齐现象如图 4-2-60 所示。

（2）坐在驾驶位，透过前挡风玻璃看车外的景物时不存在模糊、色差等现象；前挡风玻璃不能有强反光现象。

（3）车膜的边缘线与玻璃上的小黑点连接平滑，无明显凹凸不平的感觉。

（4）车膜的边缘粘贴完好，无起边现象；车膜与玻璃间的水必须刮除干净。

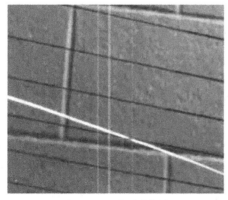

图 4-2-60　未对齐现象

（5）贴膜不能有沙点、气泡、折痕存在，尤其是前挡风玻璃膜在刮水器有效使用范围内更加严格。气泡、折痕缺陷如图4-2-61所示。

(a) 气泡

(b) 折痕

图4-2-61　气泡和折痕

（6）侧窗玻璃无明显的漏光现象，车膜上缘线刀线要平滑，与车膜的边缘保持基本平行。漏光现象如图4-2-62所示。

（7）驾驶座两侧的车膜应先整张贴装，从驾驶座看两侧后视镜有无影响视线的感觉，如存在这类现象，必须通知车主，并采取挖孔处理，孔型按照车主的要求做好精裁工作，务必使边缘线平滑。

（8）玻璃贴膜应完好，并在专用"施工单"上请客户签署意见。

六、车窗玻璃膜保养和维护方法

车膜装贴好后，务必张贴警示标志，并告知车主以下保养和维护方法。

图4-2-62　漏光

（1）新贴膜三天以内不要升降车窗玻璃。

（2）车膜完全脱水并牢固地附着车窗玻璃上要5～7天时间。在这期间不要清洗和擦拭车膜，以免使没有完全粘牢的车膜发生移动。

（3）不能用尖锐、粗硬的利器铲刮车膜。

（4）汽车玻璃贴膜后，室内清洁时尽量不用或少用清洁剂擦拭玻璃，只使用干净柔软的美容毛巾轻轻擦拭。

（5）建议在车膜上不要粘贴饰物，以免造成车膜脱落。

操作技巧总结

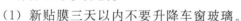

汽车玻璃美容主要是清洁、防雾等，装饰主要是装贴防暴太阳膜。美容时要正确选用清洁工具，刷洗时注意刷板角度，使用专用清洁剂，不能影响玻璃的明亮度。贴膜时可用模板快速下料，合理选用湿法或干法整形，精确切裁贴膜时注意裁纸刀的角度，使裁切边缘又快又美观。

第五章 汽车外表美容装饰与操作技巧

第一节 漆面美容

漆面美容主要是通过研磨抛光、打蜡、封釉、镀膜、镀晶、镉瓷等工艺对汽车漆面进行处理,使汽车漆面光泽和其他性能得到恢复或提高的工作。

一、车身漆面抛光

汽车车身漆面因长期与空气、酸雨等直接接触,容易受到侵蚀。侵蚀会使车身漆面的油分过度损失,漆面亮度和厚度大大降低,从而产生漆面发白的现象。

车身漆面抛光,指利用抛光剂通过手工或者机械工具对汽车漆面进行打磨,使漆面粗糙度降低,以获得光亮、平整表面的操作方法。手工抛光,简便安全,但效率不高;机械抛光,快速高效,主要工具有电动抛光机和气动抛光机。在此以电动抛光机为例介绍抛光的操作方法。

1. 准备工作

准备好车身清洁工具和用品、材料;根据车身漆面受侵蚀的程度,准备好抛光工具和材料,如抛光机和合适的抛光盘、抛光剂等。

一般漆面直接用中度研磨剂开始抛光,刚喷漆后的漆面先用粗研磨剂开始抛光再使用中度研磨剂配合羊毛盘抛光。

2. 车身漆面清洁

抛光前应先使用洗车液、高压水枪清洁干净车身。

3. 使用汽车泥深度清洁车身污物

操作如图 5-1-1 所示。

4. 用干布擦净漆面,用气枪吹干缝隙处水分

操作如图 5-1-2 所示。

5. 遮蔽

在抛光作业之前,要用美纹胶纸带将抛光区域外以及抛光作业中可能触及的车身装饰条、门把手、刮水器喷水嘴等物件进行遮蔽,防止抛光机擦伤。如图 5-1-3 所示。

6. 准备抛光机

将抛光盘安装在抛光机上,检查抛光盘安装牢固后,双手握住手柄,启动抛光机;调整

图 5-1-1　用洗车泥深度清洗车身

图 5-1-2　擦干吹干水分

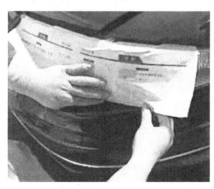 

图 5-1-3　遮蔽

好抛光机转速，一般选择在 1400～1800r/min。

将抛光盘放入水中浸泡，充分润湿后，用手挤出水分，再空转 5s，甩去多余水分。注意浸泡时，只能浸泡到抛光盘，不能浸泡到抛光机其他结构，以免损坏设备。如图 5-1-4 所示。

7. 研磨抛光

（1）把研磨剂摇匀，取少量抛光剂喷敷于待抛光的车身漆面上（或倒在海绵抛光盘上），如图 5-1-5 所示。

（2）抛光时，利用抛光盘自身重力使抛光盘始终平压住漆面，并借助抛光机振动弹力来减轻握持抛光机的力量，有效地减轻手的疲劳。如图 5-1-6 所示。

图 5-1-4　浸泡海绵抛光盘并甩干水分

图 5-1-5　将抛光剂摇匀并倒到漆面上

图 5-1-6　抛光手势

（3）沿车身方向直线来回移动抛光机，抛光盘经过的长条轨迹之间相互覆盖 1/3，进行研磨抛光。如图 5-1-7 所示。

图 5-1-7　沿汽车纵向往复移动进行研磨抛光

（4）在抛光时要注意抛光盘和漆面应是常温状态，在漆面温度太热时要暂停抛光，等待漆面自然冷却或者向漆面喷水降温后才能继续抛光，可用手背面感觉漆面温度。在夏天时特别要注意这一问题。如图5-1-8所示。

图5-1-8　喷水降温

8. 手工抛光

对于车身边角不宜使用研磨抛光机的位置，采用手工方法抛光，用干毛巾沾抛光剂抛光。把整个车身有漆面的地方全部做完，包括喷漆的保险杠，注意此处温度不宜过高。注意边角、棱角，不要用力抛，也不能停留，因为这些地方漆膜较薄。如图5-1-9所示。

图5-1-9　细节之处用手工抛光

9. 还原抛光

还原抛光，其目的是除去研磨抛光时产生的光环微痕；操作方法是用波浪海绵盘加上还原剂按照抛光手法进行；原理是抛光剂通过波浪盘旋转加热对漆面漆孔氧化层及污物进行深度清洗。如图5-1-10所示。

图5-1-10　还原抛光

10. 全车漆面抛光

按照以上方法，按照车身部件分区域逐步进行全车漆面抛光，做到无遗漏。

抛光顺序依次为：右车顶、右前机盖、左前机盖、右前翼子板、右前车门、右后车门、右后翼子板、后备箱盖研磨右半车身，按相反顺序研磨左半车身。

11. 清除遮蔽

撕掉遮蔽胶带纸或其他遮蔽物。注意小心操作，以免破坏漆面。如图 5-1-11 所示。

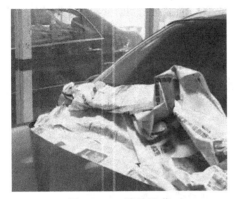

图 5-1-11 清除遮蔽

12. 冲洗研磨剂

用高压水冲洗车身上缝隙的研磨剂。因研磨剂实际上也是蜡质材料，所以还需向车身表面喷洒脱蜡水进行冲洗研磨剂。如图 5-1-12 所示。

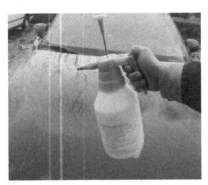 

图 5-1-12 喷洒脱蜡水并用清水冲干净

13. 要擦干、吹干全车身表面

如图 5-1-13 所示。

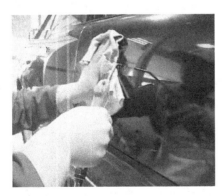 

图 5-1-13 吹干、擦干

14. 质量检查

（1）抛光作业完成后应检查前后刮水器的喷水嘴，应无堵塞，且喷水良好。

（2）抛光工序完成后，全车应整洁，无油污、氧化物、黏附性杂质；玻璃、保险杠、饰条、轮胎、轮辋等表面、边角部位及缝隙处应没有残留物。

（3）车身漆面应色泽一致，亮度均匀，没有划痕；和抛光前相比，亮度有明显改善，接近于新车；出现自然光泽，用报纸在漆面上看倒影清晰。

15. 研磨抛光作业结束

抛光作业完毕后，将电源插头拔下，拆下抛光球，并将抛光球清洁干净。

操作注意事项提示：

（1）在抛光作业中，施加的压力度要适中，绝对不能过大，否则极易灼伤漆面；并且连续不断地移动抛光机，不可在同一部位停留2s以上，以免导致研磨过度，不仅把面漆磨去，亦可能把底漆磨穿，或者因过热盘烧焦。对棱边、棱角、阴阳线条，用力更加要注意，用抛光盘边缘轻轻过渡即可。

（2）有些抛光盘，没有使用其他盘套时，其中心因为有固定抛光头用的螺母和垫圈，即使其中心凹陷，在作业时亦有可能意外地刮伤漆面，操作时，除了注意施加压力大小外，还要注意抛光盘平面与被抛光的漆面应始终保持成一小角度（一般为5°～10°）。

（3）抛光中需要调换转速时应先关掉抛光机电源开关，再调整转速旋钮。

（4）如果遇到车身漆面有轻度划痕和中度划痕，可将抛光剂涂于划痕处，沿着与划痕垂直或斜交的方向反复进行抛光。

（5）抛光时，对于大面积的部分，如全车抛光等场合，因研磨抛光剂较快干燥，不宜一次性地全面抛光，应分次涂布抛光剂和分别研磨抛光，每次抛光区域一般为$0.5m^2$。并应按一定的顺序抛光。

（6）在作业中应经常检视抛光盘，以免硬化的研磨抛光漆渣形成造成漆面擦伤；可使用钢丝刷清洁抛光盘上的漆渣，必要时可更换或拆下清洗。

（7）控制抛光机的转速，不可超过选定速度的范围；保持抛光方向的一致性，应有一定的次序；更换抛光剂的同时更换海绵轮，不可混用海绵轮。

（8）所有抛光盘应在使用前清洗干净、平整，确保没有残留的颗粒。使用后，应马上清洗干净，放在阴凉处风干。

二、打蜡

现代轿车越来越广泛地采用金属漆，金属漆的涂装系统是色漆（基漆）＋清罩漆。其基本涂层结构中光线射入后经清罩漆层折射到基漆，日久天长，基漆的颜色将会产生褪变，进而影响汽车外观，同时还会使全车产生色差。

汽车打蜡，指利用汽车蜡通过手工或者机械工具对汽车漆面进行打磨，使漆面产生亮丽整洁的效果，并得以保护的操作方法。

1. 工作准备

准备车身清洁工具和用品，准备汽车打蜡的工具、材料等。

穿戴工作服或工作围裙。避免穿着有金属纽扣、拉链及皮带扣等物件的衣服，在擦拭车顶或发动机罩时，硬物刮伤车身。

2. 车身清洗

为了保证打蜡效果，打蜡前要先对车辆进行清洗。除去车身上的浮尘、污渍与旧车蜡，特别是顽固污渍，如柏油、虫尸、树脂等必须彻底清洗干净，不留痕迹。确保车身干爽，任何地方都不能有残余水分。

3. 车身打蜡

打蜡可分手工打蜡和机械打蜡两种,手工打蜡简单易行,容易处理边缘、角落的细节地方;机械打蜡效率高,蜡层均匀。

(1) 手工打蜡

① 上蜡 用打蜡海绵沾适量车蜡,以划小圆圈旋转的方式均匀涂蜡;圆圈的大小以圆圈内无遗漏漆面为准,每圈盖前一圈 1/3,圆圈轨迹沿车身前后直线方向。要求用蜡要适量,力度要适当和均匀,动作要柔软。尽量不要将车蜡涂抹到橡胶件、塑料件上、玻璃上,特别是玻璃上;因为清理困难而且难看,有必要时可先行遮蔽。手工上蜡方法如图 5-1-14 所示。

(a) 倒车蜡到海绵上　　(b) 分区域上蜡

(c) 以圆圈方式均匀上蜡　　(d) 上蜡结果

图 5-1-14　手工上蜡方法

② 打蜡抛光 上蜡后 5~10min 蜡表面开始发白,用手背抹一下,感觉到漆面光滑即可,且手背上有粉末,抹过的漆面有满意的光亮度,说明蜡已经干燥。用柔软干燥毛巾抛蜡,直到整个车表没有残蜡。擦蜡毛巾不要太硬,但一定要是干的,擦蜡毛巾为纯棉料,要求力度适中。使用的时候要折叠成方块状,五指并拢,压在毛巾上擦。应灵活掌握车蜡的干燥时间,干燥时间随环境湿度而不同;湿度大时干燥慢,湿度小时干燥快。如图 5-1-15 所示。

a. 抛光要及时进行。抛光作业要在上蜡完成后按产品说明中规定的时间内进行,且抛光运动也应是直线往复。

图 5-1-15　打蜡抛光

b. 打蜡和研磨、抛光不同，研磨、抛光是使产品对漆面切割和平整，漆面不要求有产品残余。打蜡是在漆面形成保护层，要求有适量车蜡留在车表。打蜡时只要将车蜡在漆面涂就可以，不需力量，不需在漆面来回重复。

③ 按以上方法对全车打蜡　遵循"先上后下"的原则。依次顺序为：车顶、右翼子板、右前门、右后门、右后部、行李箱盖、左后部、左后门、左前门、左翼子板、发动机罩。要求涂抹均匀，所有漆面无遗漏地打上蜡。

④ 清除残蜡

a. 彻底清洁因不小心弄到玻璃、保险杠、饰条、轮胎、钢圈等上的蜡。用纯棉毛巾把蜡擦掉并用合成麂皮摩擦漆面，直到漆面的倒影清晰可见为佳。

b. 清理车灯、车牌、车门和行李箱等处的缝隙，这些地方的残蜡若不及时清除，很容易造成灰尘、沙土及一些有害物质的聚集，使这些部位产生锈蚀。注意使用牙刷时候不要用力太大，以免刷伤漆面。如图 5-1-16 所示。

图 5-1-16　清除残蜡

⑤ 塑胶件色泽还原（上光）　用塑料还原剂对汽车外表的装饰塑料胶条（如门饰条及门槛、挡风玻璃下方的塑胶板、塑料保险杠等）进行还原，恢复色泽亮丽状态。方法如同打蜡一样，注意不要将还原剂（也叫亮光蜡）涂抹到漆面上和玻璃上；因为塑料胶边色泽还原剂是一种很油性的液体，清理起来比较困难。如图 5-1-17 所示。

⑥ 检车交车　汽车打蜡完毕后，全车漆面干净整洁、手感光滑、没有残蜡或打花、亮度和颜色均匀、漆面有镜面效果，即可交车。

图 5-1-17　对塑胶件色泽还原

⑦ 现场清理　操作结束后,要把工具、材料等归位,清理垃圾;清洁打蜡所用的所有用品,达到干净、整齐。

(2) 机械打蜡

① 将羊毛打蜡套安装在振抛机上,注意缩紧带要塞在羊毛套的内侧。如图 5-1-18 所示。

② 将车蜡摇匀,适量倒在漆面上。如图 5-1-19 所示。

图 5-1-18　打蜡套安装在振抛机上　　图 5-1-19　将车蜡倒在漆面

③ 双手握稳振抛机沿汽车纵向直线往复移动,后面与前面重叠 1/3。如图 5-1-20 所示。

④ 把羊毛套取下。如图 5-1-21 所示。

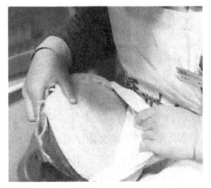

图 5-1-20　沿汽车纵向往复移动　　图 5-1-21　把羊毛套取下

⑤ 用无尘抛光布柔软的一面进行镜面打磨。如图 5-1-22 所示。

 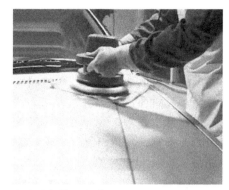

图 5-1-22　用无尘抛光布进行镜面打磨

⑥ 按以上方法进行全车打蜡，顺序与手工打蜡相同。
⑦ 用美容毛巾擦除缝隙处的残蜡。如图 5-1-23 所示。

图 5-1-23　擦除缝隙处的残蜡

⑧ 操作结束。

操作注意事项提示：

（1）正确选用车蜡。如果漆面氧化严重，先用粗蜡，后用细蜡，避免留下细痕；不同颜色的汽车对车蜡的颜色也有一定的要求，对使用了金属漆的汽车，绝对不能用错车蜡。

（2）使用前注意检查打蜡海绵，必须保证干净。

（3）打蜡抛光的擦拭方向须按照汽车行驶方向（纵向）。手工打蜡时也建议先以直线和横线交替的方式进行，最后再按汽车行驶的方向（纵向）做一次；避免因以画圆圈的方式进行，漆面产生许多类似光环的同心圆现象。

（4）应选择避风、无粉尘的环境进行打蜡抛光作业。环境温度不可过高，打蜡时应将汽车停放在阴凉处，不可在热烈的太阳光下操作，因为随着温度的升高，车蜡会氧化变硬，使附着性变差，影响打蜡效果；确保发动机盖不致过热，打蜡必须在汽车车身正常温度下进行；也不能在潮湿环境中进行打蜡工作，因为潮湿环境不利于蜡质固化，使擦拭（抛光）工作无法完成。

（5）操作时注意海绵颜色。打蜡时，若海绵上出现与漆面相同的颜色，可能是车身漆面已经破损，应立即停止打蜡，先进行修补处理。

(6) 打蜡抛光完毕，应检查前后刮水器喷水嘴有无堵塞，是否喷水良好。

(7) 每次抛光完毕，必须立即清洗抛光盘，以免本次残留的抛光研磨渣在下一次结焦，对抛光面造成刮伤。每次用完后也必须清洗干净，放在阴凉处风干。

(8) 机械抛光时，务必做好电镀件和胶质饰件的遮蔽保护工作；应避免电源线或高压空气软管擦伤车身漆面。

(9) 上蜡到底上几层较为合适，其实这要视车漆状况决定，并不是愈多愈好，太多的蜡反而会使抛光产生困难，而上得太薄，又无法填补车身的缝隙。通常新车需要上蜡1~2层，旧车可上3~4层。

(10) 未及时抛光的车辆绝不允许上路行驶，否则再进行抛光，很容易对漆面造成损伤。

三、车身封釉

汽车封釉，指利用振抛技术将釉质材料反复深压进汽车漆面纹理中，形成一种特殊的网状保护膜的工艺。此层保护膜类似陶器制品外表涂层的保护膜，可以提高原车漆面的光泽度、硬度，使车漆能更好地抵挡外界环境的侵袭，有效减少划痕，保持车漆亮度；具有隔紫外线、防氧化、抵御高温和酸雨的功能。

1. **准备工作**

准备工具和用品、材料，汽车封釉常用的工具有抛光机、专用振荡抛光机等。

一次完整的封釉美容工序有5道，整个作业过程大约需要4~5 h。

2. **车身清洗**

先用洗车液清洗干净车身，再用柏油清洗剂等清除柏油、树胶等顽固物，还要用黏土打磨去除漆面的铁粉、飞漆等，保证车身漆面能彻底被清洗干净。用气枪吹干缝隙处水分，确保整个车身任何地方都干爽无水分。

3. **抛光**

为了车身封釉后能消除漆面的漫反射现象，达到镜面效果，封釉前还需要对漆面进行一次全面的抛光处理。漆面抛光后，车表及边、角、缝处应干净，无灰尘，无露白现象，整个漆面应光亮如新，细腻光滑。

4. **还原处理**

利用静电抛光轮配合增艳剂进行还原处理。

5. **车身脱蜡清洗**

在漆面抛光完成以后，还要将车身外部全部用清水洗净擦干，并用除蜡水彻底去除残留在漆面和缝隙处的抛光剂。

6. **封釉**

(1) 工作间降尘。封釉工作最好在无尘间进行，操作前喷水降尘。如图5-1-24所示。

(2) 安装封釉机振抛盘。如图5-1-25所示。

(3) 摇匀车釉并倒适量在漆面上。如图5-1-26所示。

(4) 启动封釉机把车釉均匀摊开；双手紧握手柄，均匀用力下压封釉机，并往复移动，将车釉通过机器的振动挤压到车漆的毛孔里。如图5-1-27所示。

(5) 封釉机的转动不能过快，能缓慢转动即可，保证车釉振涂到位。如图5-1-28所示。

图 5-1-24 喷水降尘

图 5-1-25 安装封釉机振抛盘

图 5-1-26 摇匀车釉并倒适量在漆面上

图 5-1-27 封釉

图 5-1-28 封釉机缓慢转动进行封釉

（6）无尘打磨（抛光）。在上釉 10～15min 后，车釉能自然干燥，并被充分吸附到漆面里。此时使用无尘打磨布进行往复式打磨漆面，直至现出镜面效果。可用双手适当加大些压力。

（7）全车封釉。按照打蜡顺序进行车身各部件的封釉工作，做到无遗漏。

（8）注意边、角等细节部位，要清除多余的车釉，也要抛光到位。如图 5-1-29 所示。

（9）质量检查。封釉后的漆面要手感光滑，亮度增加，倒影效果明显。如图 5-1-30 所示。

（10）如果封釉属于独立项目，最后还要清洁保养轮胎。如图 5-1-31 所示。

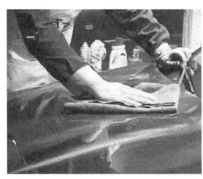

图 5-1-29　注意细节之处也要封釉、抛光清理到位

图 5-1-30　封釉后亮度增加，倒影效果明显

图 5-1-31　清洁保养轮胎

操作注意事项提示：

（1）封釉需在无尘室内进行；要将漆面氧化层研磨掉，避免氧化层在漆面和釉面之间形成隔离，影响封釉效果。

（2）封釉后72h内不要洗车，最好不要淋雨。因为在这段时间内，釉层还未完全凝结，还将继续渗透，冲洗将会冲掉未凝结的釉。

（3）做完封釉美容后，如果前后塑料保险杠有吸附灰尘的现象，这是由于抛光时静电产生的，洗车后便可消除。

（4）由于釉质不同，再加上路况和环境的影响，一般是2个月到半年封一次釉效果最好；由于空气污染，特别是北方风沙大、酸雨重，最好在进行封釉美容后，每隔三四个月再做一次护理，就可以长期保持漆面的颜色和光亮。

四、汽车镀膜

汽车镀膜是指将某种特殊的药剂（镀膜剂）涂装在车漆表面，利用这种药剂在车漆表面的化学变化，形成一层很薄、坚硬、透明的保护膜。镀膜美容是漆面保护的最高措施，可使漆面达到增亮、抗酸碱、抗氧化、抗紫外线等效果。

镀膜与封釉都是在车漆表面涂上化学物质，通过在车漆表面上形成的一种高硬度、抗氧化、抗腐蚀的膜，从而对车漆形成保护。而两者所不同的是加工工艺上略有不同，保护介质不一样：封釉用的是液体釉，而镀膜用的是氟素高分子树脂等高分子材料和玻璃素的聚合物，两者都在车漆表面形成一种固态保护层，都需要先打磨掉车漆表面的氧化层，以保证"釉"或者"膜"在车漆表面的附着能更加持久。

1. **汽车镀膜的种类**

根据组成的主要成分不同，镀膜分为树脂类镀膜、玻璃纤维素镀膜和玻璃质镀膜三种。树脂类镀膜的主要成分有高级树脂、氟素高分子树脂两种，玻璃纤维素镀膜的主要成分是PTFE乳化剂，玻璃质镀膜的主要成分是二氧化硅（SiO_2）。

2. **镀膜的操作步骤**

镀膜根据车主消费需要分为洗车镀膜、简易镀膜和专业级镀膜，在此以专业级镀膜介绍镀膜的操作方法和步骤。

（1）洗车。先用洗车液洗去车身表面上的灰尘和其他污秽物，再用洗车泥等用品和清洁剂进行精细洗车，去除附着在漆面的树胶、虫胶、鸟粪、漆雾、化学粉尘等水洗不掉的物质。如图 5-1-32 所示。

图 5-1-32　洗车

（2）喷洒除渍剂去除铁粉。按精致洗车方法进行。

（3）遮蔽，目的是避免抛光时受到伤害和塑料、橡胶材质上沾到车蜡。

遮蔽部位为挡风玻璃、车身玻璃、全车外饰灯具、装饰条和天窗等部位。遮蔽纸要完全遮盖住需要防护的部件边缘，并将车漆全部显露在外面。如图 5-1-33 所示。

（4）抛光，目的是去除氧化层，治理漆面缺陷；包括手工抛光细节部位。

① 抛光机选择羊毛盘，转速调整为 2000r/min 左右。如图 5-1-34 所示。

图 5-1-33　遮蔽

② 一般情况下，直接使用中度抛光剂抛光即可；如果是刚刚喷漆后的车辆，要先用重度抛光剂抛光，然后再用中度抛光剂配合羊毛盘抛光。如图5-1-35所示。

③ 抛光时往复移动方式抛光，对棱边要用抛光盘边缘轻轻进行。如图5-1-36所示。

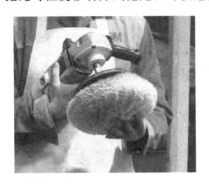

图5-1-34　选择羊毛盘

图5-1-35　正确选用抛光剂

图5-1-36　用抛光盘边缘轻轻抛光棱边

图5-1-37　手工抛光细节

④ 手工抛光。在利用抛光机抛光时，对于一些机器无法触及的地方，要用手工方法完成抛光，保证全车抛光完整到位。如图5-1-37所示。

（5）镜面还原，目的是消除抛光时产生的光环微痕，提高车漆光亮程度，俗称增加漆面的镜面效果。

（6）拆除遮蔽物。并对遮蔽边缘进行重点清洁。

（7）再次洗车，用高压水枪冲洗抛光和做镜面还原时产生的粉尘、缝隙残余物；用纳米毛巾擦干。注意高压水枪压力调低，毛巾擦拭时用力也要轻，以免造成划痕；用气枪吹干车门、玻璃等缝隙处的水分，确保水分完全吹干，保证镀膜质量。如图5-1-38所示。

（8）无尘间准备。车身表面清洗干后，要将汽车移到无尘间镀膜，移车前无尘间先喷水雾降尘。如图5-1-39所示。

（9）抛光质检，目的是确认抛光效果。用专用灯具照射漆面，观察漆面的划痕是否被处理彻底；如果还有微痕存在，还要用微痕处理剂继续微痕处理，必须保证镀膜是在无划痕的状态下进行，才能保证镀膜效果。如图5-1-40所示。

图 5-1-38 确保车身表面无水分

图 5-1-39 喷水雾降尘

(a) 操作间天花板射灯

(b) 移动观察灯

图 5-1-40 抛光质量检查

(10) 第一次镀膜,目的是打底。

① 镀膜也分手工镀膜和机械镀膜,机械镀膜能通过振动把镀膜剂更加强有力地挤压到车漆毛孔中,增强保护膜对车漆的吸附力;但较薄的漆面建议用手工镀膜,防止在机械镀膜时产生微痕。

② 将镀膜剂摇匀后,点涂在漆面上,手工镀膜时使用镀膜海绵螺旋式画弧运动,将膜均匀涂在漆面上,通过观察保护膜光圈的厚度要基本一致;机械镀膜时双手紧握手柄均匀下压抛光机,将抛光机往复式移动进行。如图 5-1-41 所示。

图 5-1-41 第一次镀膜

(11) 自然干燥。在室温 25℃左右自然晾干,一般自然干燥时间是 30min,但要根据室温适当增减时间。

(12）擦拭。干燥后要使用纳米毛巾往复擦拭漆面，目的是使二次镀膜效果更显著。如图5-1-42所示。

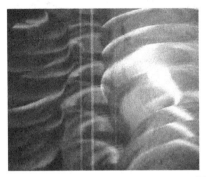 

图5-1-42　擦拭镀膜

(13）再次镀膜，目的是巩固镀膜效果。如图5-1-43所示。

(14）红外线灯烘烤，不仅能让镀膜快速干燥，使产品深度渗透，而且经过烘烤后的镀膜硬度大大增加，达到长久保护漆面的目的；每隔5min移动一次烤灯，直到全车烘烤完毕。如图5-1-44所示。

图5-1-43　第二次镀膜　　　　　　　图5-1-44　烘烤镀膜

(15）再次擦拭。烘烤结束后，使用纳米毛巾往复式擦拭镀膜的漆面，将附着漆面上多余的保护膜清除干净。

(16）抛光。用无尘布擦拭或打磨漆面，直至出现镜面效果。

(17）质检。最后的质量把控；特别要对边、角、缝隙等细节处理好；效果要求手感光滑，光泽亮丽，倒影、镜面效果明显。

(18）如果镀膜是独立服务项目，镀膜结束还要对轮胎进行清洁和保养。

 操作注意事项提示：

保护膜的持续吸附期为3～7天，镀膜后72h内不能洗车，最好不要淋雨，防止风沙侵袭。

五、汽车镀晶和镀瓷（镀瓷）

漆面镀晶是利用结晶技术，将保护成分主要为石英的镀膜产品喷涂在漆面后同空气中的水分发生反应，在车漆表面形成一层石英玻璃保护层。漆面镀瓷（镀瓷）是指把高分子瓷素强力渗透到汽车漆面的毛细孔里，对汽车漆面起到一个密封装甲保护的作用。

镀晶和镀瓷（镀瓷），实际上也是镀膜，在保护车漆时也是形成一层类似特殊薄膜的保护层。这两个概念主要是为了更加形象说明镀膜的保护膜新形成技术和性能而已，"晶"指镀膜产品的结晶技术，"瓷"指汽车漆面镀膜后，保护层像陶瓷一样坚硬、光滑和耐腐蚀。

1. 漆面美容护理项目的比较

打蜡、封釉、镀膜和镀晶（镀瓷）是汽车漆面深度美容的主要项目，它们都能起到防水、防酸雨、防高温、防紫外线、防静电和提高光滑度、光泽度的作用，但它们的保护膜形成机理、保护膜主要成分、保护膜特点和施工特点等还是有区别的。

2. 镀晶的操作方法与步骤

（1）洗车。先用洗车液清洗，彻底清洁干净车表污秽；如有顽固物树液、鸟粪等也必须用相应清洁剂清洁干净；再用洗车泥对漆面进行深度清洁，并用柔软毛巾擦干。如图 5-1-45 所示。

图 5-1-45　洗车

（2）抛光除痕。根据汽车漆面状况，如果漆面有细微划痕或者出现老化现象，必须用抛光剂修复及还原漆面；如果是新车，则不用抛光除痕。

① 把海绵块放进水中湿润，并用手指把多余的水分压出。如图 5-1-46 所示。

② 摇匀抛光剂，并把它呈条形倒在海绵块上。如图 5-1-47 所示。

 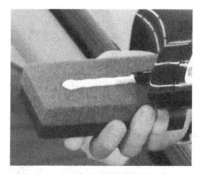

图 5-1-46　压出多余水分　　　　　　　　图 5-1-47　把抛光剂倒在海绵上

③ 先用海绵把抛光剂均匀涂抹到漆面上。如图 5-1-48 所示。

④ 用超细纤维布进行抛光。注意细节部位也要抛光到位、清洁彻底。如图 5-1-49 所示。

（3）除油。将漆面除油剂喷在抛光后的漆面上，稍后用清洁的超细纤维布擦拭，可抹除油渍，达到脱脂和密封漆面的效果。注意全车表面要洁净，保证镀膜的吸附力。

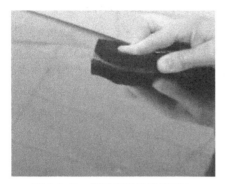
图 5-1-48 把抛光剂涂到漆面上

图 5-1-49 用纤维布进行抛光

（4）镀晶。

① 划分区域。在车身漆面上镀晶时，每次只能处理一小块漆面，最大不超过 $0.5m^2$，如车门分四个区域；否则因为不能及时擦拭，镀晶剂会挥发结晶影响后续工作。如图 5-1-50 所示。

图 5-1-50 镀晶区域划分

② 镀晶区域作业顺序。为了减少遗漏现象，镀晶作业也应按照一定的顺序进行。如图 5-1-51 所示。

图 5-1-51 镀晶区域作业顺序

③ 根据产品使用说明书，将漆面镀晶剂适量喷洒或挤压在镀晶专用海绵上。如图 5-1-52 所示。

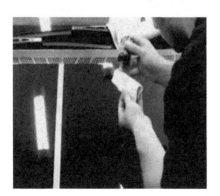

图 5-1-52 把镀晶剂适量放到镀晶专用海绵上

④ 用海绵先把准备镀晶区域漆面的四周涂抹一下，再沿直线方向进行纵横涂抹，直到整个镀晶区域都盖上薄薄的一层镀晶剂，确保无遗漏。如图 5-1-53 所示。

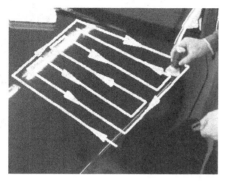
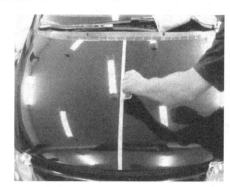

(a) 横向涂抹

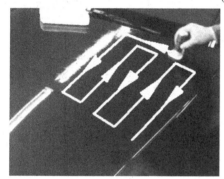

(b) 纵向涂抹

图 5-1-53　镀晶

（5）按照镀晶使用说明，干燥时间结束，立即用另外一块超细纤维布轻轻纵横擦拭漆面，直到将镀晶剂擦干。注意，擦拭时不能用力去压纤维布。如图 5-1-54 所示。

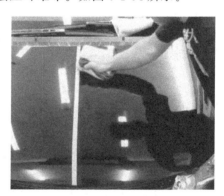

图 5-1-54　擦拭

（6）按照以上流程操作顺序，将整车划分的所有区域漆面做完镀晶工作。如图 5-1-55 所示。

（7）边、角等细节部位也要镀晶到位，确保无遗漏。如图 5-1-56 所示。

（8）检查。通过改变观察角度，借助光线仔细检查整个车身漆面，如果有遗漏，及时补上镀晶，保证全部镀晶完毕。

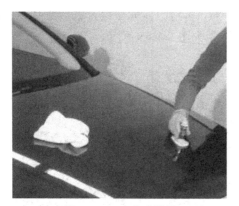
图 5-1-55　全车身镀晶

图 5-1-56　边角镀晶

（9）干燥。漆面镀晶之后，需要按照镀晶剂使用说明，保证有足够的自然硬化时间才能行车。

> **操作注意事项提示：**
>
> （1）镀晶作业环境可以是室外，也可以是室内，最好是无尘间；光照条件要好，但不能在阳光直接照射的地方，车身不能过热。
> （2）镀晶作业要一气呵成，不要途中停止。
> （3）操作中必须严格按操作流程进行，防止失误，否则需要研磨后才能重新镀晶。
> （4）操作完成的，在镀晶自然硬化时间内漆面不可沾水。
> （5）镀晶需要7天时间才能完全凝固，所以镀晶后7天之内不能洗车。

3. 镉瓷的施工流程

镉瓷的操作方法和步骤与前述介绍的镀膜基本一样，其施工流程如图 5-1-57 所示。

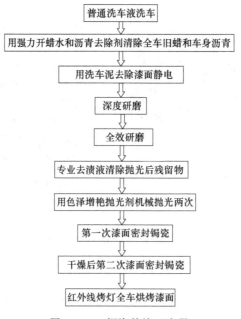

图 5-1-57　镉瓷的施工流程

第二节 车身外表贴饰

车身外表贴饰指在车身外表面上贴上彩条、文字和图案、装饰条、保护膜等的工作,现在几乎所有的汽车上都或多或少地有这些装饰元素,有的是彰显个性,增加美感;有的是温馨提示或宣传广告,甚至有的是全车通过贴膜改色的。装饰条不仅起美化车身作用,还起到防止漆面被擦伤的作用。

一、车贴

车贴又叫拉花、车标、贴纸,起源于赛车运动的选手号和赞助商的广告,最早的车贴于1887年4月20日在巴黎举办的世界第一场赛车比赛;车贴的大力发展源于欧美和日本的汽车业兴起和普及;车贴不仅起美化作用,还体现了个性;汽车贴纸一般分为运动贴纸、改装贴纸和个性贴纸三类,从形式上分有彩条、文字和图案等。

(一)汽车彩条

汽车彩条实际上是一种彩色胶带,属于纸制品装饰条。如图5-2-1所示。

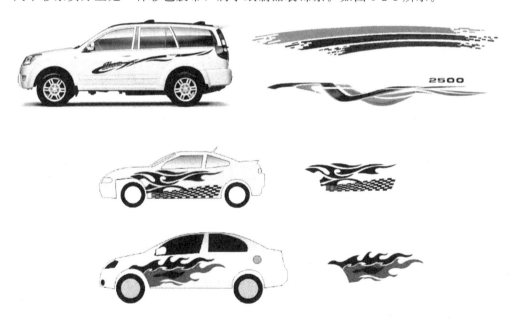

图 5-2-1 汽车彩条

1. 汽车彩条结构

汽车彩条主要有两种基本类型,无外保护层彩条和有外保护层彩条,结构如图5-2-2所示。

2. 汽车彩条装饰操作步骤

相对来说,因无外层保护,无外保护层彩条比有外保护层彩条更加难以装饰,有外保护层彩条只要在最后步骤把外保护层撕开即可;汽车彩条可以根据要求装饰成直线、曲线等各种图案,在此以较难的无外保护层彩条的曲线装饰做介绍。

(1)工具和材料准备。车身贴饰的工具有塑料刮板、橡胶刮板、烤枪和美工刀等,若采用湿贴法还需要两个喷水壶,一个装清水,一个装清洗剂溶液或酒精溶液。

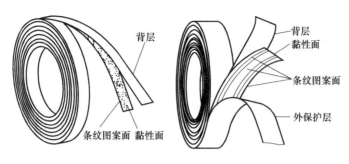

(a) 没有外保护层　　　　　　(b) 有外保护层

图 5-2-2　汽车彩条结构

（2）根据设计图案，有必要时在车身上画出初步的轮廓，作为装饰导向图。

① 与顾客沟通，设计装饰图案。

② 清洗车身表面，保证干净无尘无油。

③ 测量估算所需贴条的长度，剪下足够用的胶带。

④ 将胶带的背纸撕去，并将前面一小段先贴到要贴的位置。如图 5-2-3 所示。

⑤ 用左手的食指把胶带按压在车身上，保持两手沿固定的曲线运动；右手小心地拉紧胶带，在需要拉长时一定要注意小心、适度，最好尽可能避免出现拉长，否则会产生起皱现象。如图 5-2-4 所示。

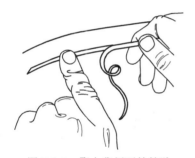　　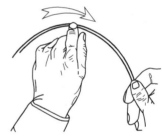

图 5-2-3　撕去背纸开始粘贴　　　　　图 5-2-4　曲线粘贴

⑥ 随着粘贴的需要，适量地撕开背层纸。为避免弄脏附着表面，手持胶带处的背纸不要撕。

⑦ 如果第一次操作失败，小心地撕开胶带再试一次。在不好操作的某些情况下两手交替进行会容易一些。

⑧ 曲线正确地贴好后，用橡皮滚子或软擦布小心按压、摩擦胶带，使胶带既能平整，也能得到更强、更持久的附着性能。

 操作注意事项提示：

（1）贴条纹只能在常规室温下之间进行。温度过高，会导致胶带变大，湿溶液迅速蒸发，以及其他复杂情况。温度过低会影响贴条纹的柔性，从而影响附着效果。

（2）使用水和中性洗涤液将车身表面彻底清洗干净。为了使条纹正常地贴上去，车身表面必须没有灰尘、蜡和其他脏东西。如果有必要，应该使用清除蜡和抛光剂的清洁剂。

(3) 一般而言，条纹从翼子板上线开始走向轮罩之间或之上。

(4) 避免手指弄脏胶带，皮肤上的油脂影响附着性能。

(5) 彩条粘贴后，必须平整、光滑，不允许有皱褶产生。

(6) 彩条与车身漆面之间，不允许有空隙、气泡及异物存在。否则，会影响粘贴质量。出现空隙、气泡时，需压实排除。有皱褶或异物时，应返工重贴。

(二) 图案和文字

图案和文字是车贴重要的表达形式，其结构也与彩条基本一样，有图案面（或文字面）、粘贴面和保护层等，但因其面积有大有小，粘贴方法有干粘贴法和湿粘贴法。

1. 干粘贴法步骤

(1) 工具和材料准备，准备清洁工具、车贴和刮片等，如图5-2-5所示。

(2) 清洁。用洗车液清洗粘贴部位，并除油、除尘；即将粘贴前还要用干净毛巾擦拭一次。如图5-2-6所示。

图5-2-5 工具和材料准备

图5-2-6 清洁

(3) 把车贴底层保护膜适当撕开一些，注意不要撕开太多。如图5-2-7所示。

(4) 把车贴放到准确位置，并把已经撕开保护膜的小部分文字（或图案）压实到车身上。如图5-2-8所示。

图5-2-7 把底层保护膜撕开一点

图5-2-8 把撕开的部分压到车身上

(5) 把车贴翻过来，再拉开一些底层保护膜。如图5-2-9所示。

(6) 用毛巾包住刮片，左手用刮片压住车贴，右手小心慢慢拉开底层保护膜，直到全部文字（或图案）都被粘贴到车身上。如图 5-2-10 所示。

图 5-2-9　小心拉开底层保护膜　　　　　　图 5-2-10　边拉边压

（7）用刮片沿车贴纵向和横向小心刮平，注意整理好包裹的毛巾。如图 5-2-11 所示。

图 5-2-11　用刮片纵向和横向刮平车贴

（8）把车贴表面保护膜（转移膜）撕下。注意小心操作，有必要时可用右手压住已经暴露的文字（或图案），左手轻轻拉开保护膜，以免带起车贴。如图 5-2-12 所示。

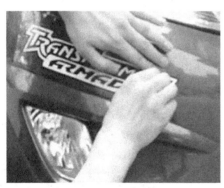 

图 5-2-12　小心拉开外层保护膜

（9）清洁。用毛巾清洁车贴及其周围。如图 5-2-13 所示。

（10）操作结束。效果如图 5-2-14 所示。

2. 湿粘贴法步骤

（1）清洁粘贴部位。

图 5-2-13　清洁

图 5-2-14　效果

（2）向车身粘贴部位喷安装液。如图 5-2-15 所示。

（3）把车贴底层保护膜撕开。如图 5-2-16 所示。

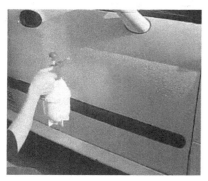

图 5-2-15　向车身喷安装液

图 5-2-16　把底层保护膜撕开

（4）向车贴粘贴层喷安装液。如图 5-2-17 所示。

（5）把车贴贴在车身准确位置上。如图 5-2-18 所示。

图 5-2-17　向车贴粘贴层喷安装液

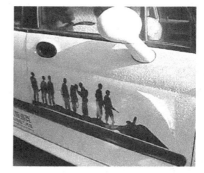

图 5-2-18　把车贴贴在车身准确位置上

（6）用刮板把车贴与车身之间的水挤出，并刮平。注意用力要适度，以免刮伤车贴或者产生皱褶；刮水时要注意由里往外、由中间向两端进行。如图 5-2-19 所示。

（7）撕开车贴表面层保护膜。小心进行，以免带起贴纸。如图 5-2-20 所示。

（8）清洁。擦干车贴表面及其周围。可以让车贴自然干燥，在冬天也可以用热风筒加热快速干燥，但要注意温度合适。如图 5-2-21 所示。

(9)处理细节。如图 5-2-22 所示。

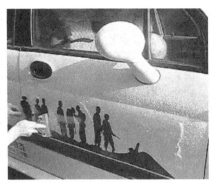

图 5-2-19　用刮板挤水

图 5-2-20　撕开表面层保护膜

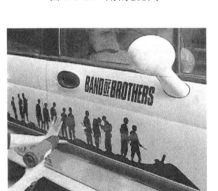

图 5-2-21　干燥车贴

图 5-2-22　处理细节

(10)操作结束。

 操作注意事项提示：

(1)对于大面积车贴，在粘贴时可以适当加热，使其粘合更加可靠。如图 5-2-23 所示。

(2)车贴粘贴要杜绝空气泡，以免影响美观和牢固程度；在出现小气泡时，可先用小钢针刺穿消除，再刮平。如图 5-2-24 所示。

图 5-2-23　用热风枪加热

图 5-2-24　用针消除空气泡

二、汽车装饰条

1. 装饰条的材质

汽车装饰条所用材料,绝大部分是塑料制品和金属制品,以塑料最多。如图 5-2-25 所示。

图 5-2-25　装饰条的材质

汽车装饰条不仅有装饰作用,还可以起到保护作用,比如防擦伤漆面作用。汽车上常见的装饰条有车窗装饰条、保险杠装饰条、轮眉装饰条、行李箱装饰条和门槛装饰条等,如图 5-2-26 所示。

图 5-2-26　汽车上常见的装饰条

2. 装饰条安装步骤

以车窗装饰条安装为例。

(1) 清洁车身。在车身外表需要装饰的部位,用专用清洗剂进行手工清洗,用酒精擦拭

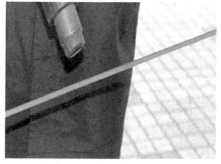

图 5-2-27　用热风加热

要粘的位置进行除油、除尘，保证粘贴部位清洁和干燥。

（2）用热风枪对装饰条进行适当加热。如图 5-2-27 所示。

（3）将装饰条的衬纸撕掉，检查粘贴胶层是否丰满，如有空隙可加适量玻璃胶填满。

（4）把装饰条粘在正确位置。如图 5-2-28 所示。

（5）在粘贴过程中，边贴装饰条，边用手对装饰条进行压实，排尽装饰条与车身表面间的空气，不允许有气泡，要求贴实、贴牢。如图 5-2-29 所示。

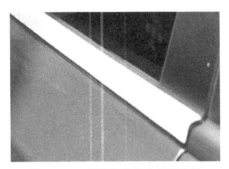
图 5-2-28　把装饰条粘在正确位置

图 5-2-29　对装饰条进行压实

（6）同样方法粘贴完四个车窗。如图 5-2-30 所示。

（7）撕掉保护层，清洁装饰条和车身相关部位，结束操作。如图 5-2-31 所示。

图 5-2-30　粘贴完四个车窗

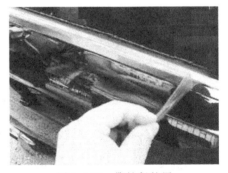
图 5-2-31　撕掉保护层

三、贴"犀牛皮"

行驶中的汽车，难免会发生碰撞、剐蹭，造成漆面划痕；有些地方因正常使用也会造成刮、碰伤，影响车容。这些地方主要有保险杠边缘和转角、门边缘、外后视镜背面、轮弧、门把手凹处（门碗）、发动机盖前部、钥匙孔边缘、行李箱及侧门踏板等部位。如图 5-2-32 所示。在这些部位贴上特殊的保护膜可使汽车容貌得到保持。

这种特殊的保护膜是一种特殊的透明树脂，它非常坚韧耐磨，像犀牛皮一样，被业界称之为"犀牛皮"，全称是"犀牛皮保护膜"。实际上，现在的"犀牛皮保护膜"已经从汽车车身的局部使用发展到全车身使用，如图 5-2-33 所示。

1."犀牛皮"的装贴方法

（1）干贴法。即不加装贴液直接将犀牛皮粘贴在待贴部位，这种贴法适用于面积不大而弧度较大的部位，如后视镜的背面。

（2）湿贴法。将保护膜的衬纸剥开后，喷上酒精兑水的溶液，同时在车身相应部位喷此

图 5-2-32 贴"犀牛皮"的常见部位

(a) 发动机盖贴"犀牛皮"　　　　　(b) 车门外表贴"犀牛皮"

图 5-2-33 全车贴"犀牛皮"保护

溶液,将保护膜按预先确定的位置对位后粘贴,然后用塑料刮板反复挤刮,把气泡和水从膜的边缘赶出去,使得保护膜牢固地粘贴在车身上。

2."犀牛皮"的装贴步骤

以车门内饰板粘贴"犀牛皮"为例。

(1) 工作准备。准备刮板、烤枪、美工刀、剪刀、喷壶(装清水、清洗剂溶液或酒精溶液)等工具和用品。

(2) 选择裁剪合适尺寸的保护膜。装贴前应对待贴部位进行测量来确定所需要保护膜的大小,以免浪费。如图 5-2-34 所示。

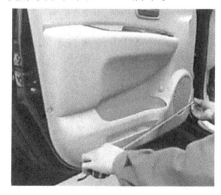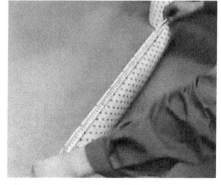

图 5-2-34 确定尺寸

（3）清洁。为保证"犀牛皮"粘贴牢固，对待贴表面应使用专用清洗剂进行彻底清洁，并擦干、吹干，保证无水分。如图 5-2-35 所示。

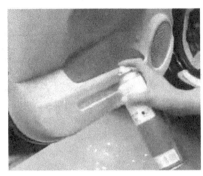

图 5-2-35 清洁备贴位置

（4）剪样板。对一些形状较为复杂的张贴部位最好能先用纸剪一块样板，以提高工效，减少浪费。

（5）"犀牛皮"的装贴。撕去"犀牛皮"的底层保护膜，将涂胶面直接粘贴于已清洁的部位，再用手压实，去除内部的气泡。注意"犀牛皮"的保护层要边粘贴边逐步拉开。如图 5-2-36 所示。

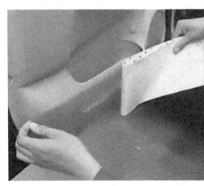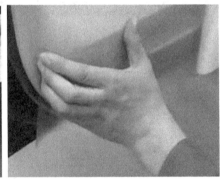

图 5-2-36 撕去"犀牛皮"的底层保护膜

对于有弧度的地方，要用热风枪将犀牛皮加热烤软，边粘边烤，才能粘贴得实和消除皱褶。如图 5-2-37 所示。

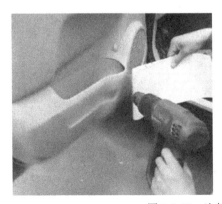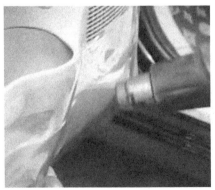

图 5-2-37 边粘边烤方便成形

(6) 用裁纸刀将多余的边缘去掉，划的时候要注意不要划透犀牛皮，避免将车门内饰板表面划伤。如图 5-2-38 所示。

(7) 检查贴合情况。检查中边用热风机加热，边用手按压"犀牛皮"边缘处，使"犀牛皮"每个地方都粘贴到位。如图 5-2-39 所示。

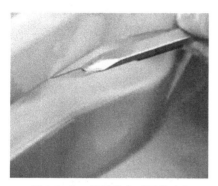

图 5-2-38　切割多余"犀牛皮"

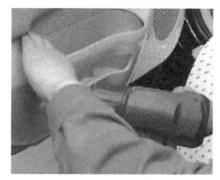

图 5-2-39　检查贴合情况

(8) 用抹布将"犀牛皮"和车门内饰板擦拭干净，结束操作。

 操作注意事项提示：

在更换"犀牛皮"保护膜时，由于"犀牛皮"的黏结力很强，应用电热风机对粘贴部位均匀加热，使胶的黏结力降低，然后一边加热，一边小心地将其撕下，以免将面漆涂层一起剥离下来。

四、改色贴膜

为了表现个性，或者作为展示，个人和汽车制造、销售商有时要改变汽车外表的颜色，方法有两种：一是重新喷涂其他颜色；二是通过贴膜来改变颜色。用来改色的贴膜，有着与"犀牛皮"一样的特性，施工方法和操作步骤也相似；不同之处在于其不透明，而且有丰富的色彩，可以使车主很容易地改变汽车外表的颜色，改色贴膜有一个俗称叫"车衣"。

对如图 5-2-40 所示汽车进行改色贴膜。

(1) 拆除车身所有附件，如后视镜、车标、油箱盖、车灯等。如图 5-2-41 所示。

图 5-2-40　改色贴膜前的汽车

(2) 清洁车身。用清洁剂清除车身上所有污渍，并保证干燥。

(3) 把改色贴膜放置车身上，调整好正确位置后，在改色贴膜界线做好标记。如图 5-2-42所示。注意此车改色贴膜由三大块组成，以汽车中心面为界，中间一张，左边一张，右边一张。

图 5-2-41　拆除车身附件

图 5-2-42　把改色贴膜试贴并做好标记

（4）把做好标记的左右两边改色贴膜取下来，然后四个人合作，从车尾开始，两人抬起中间的贴膜，另两个人慢慢撕开底层保护纸，把改色贴膜粘贴在车身准确位置上。如图 5-2-43 所示。

 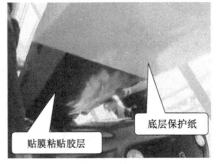

图 5-2-43　把底层保护层撕开并使已露出胶层部分膜贴在车身上

（5）在整张改色贴膜准确放置在车身上后，用刮板小心进行刮压。如图 5-2-44 所示。

图 5-2-44　用刮板刮压改色膜贴到车身上

(6) 在有弧度或台阶的地方，要使用热风机适当加热，才能保证粘贴质量。如图 5-2-45 所示。

图 5-2-45　用热风机适当加热

(7) 用锋利小刀小心地把多余的贴膜切割掉。如图 5-2-46 所示。

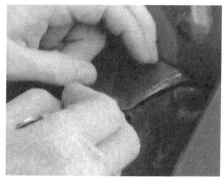

图 5-2-46　把多余的贴膜切割掉

(8) 把切割后的各细节之处全部粘贴到位。
(9) 同样方法粘贴车身左右两边的改色贴膜。如图 5-2-47 所示。

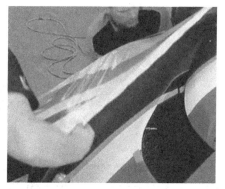

图 5-2-47　同样方法粘贴其他两张改色膜

(10) 再度定型。用热风枪对有弧度和台阶地方再次加热，并加热到 100℃，可以避免改色贴膜恢复原来平面形状。如图 5-2-48 所示。

(11) 重新安装贴膜前拆下来的所有附件。如图 5-2-49 所示。

(12) 撕开改色贴膜表面层保护膜，清洁车身。如图 5-2-50 所示。

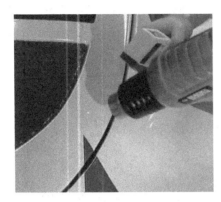
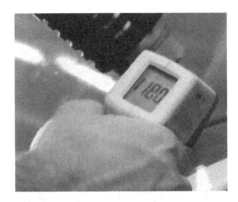

图 5-2-48　再度加热定型

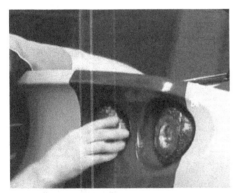

图 5-2-49　安装原来的附件

图 5-2-50　清洁改色贴膜车身

（13）清洁场地，操作结束。完成改色贴膜车身如图 5-2-51 所示。

图 5-2-51　改色贴膜效果

操作注意事项提示：

（1）改色贴膜不能有气泡。
（2）在有弧度和台阶地方粘贴时，要适当加热，避免撕裂改色贴膜。
（3）切割时，注意手只能握持好小刀，不能在刀上施力，几乎只靠小刀本身重量进行，以免划伤漆面或留下痕迹。

（4）通过贴膜来改变汽车外表颜色，要注意车辆交通管理要求规定，否则将会影响车辆的正常行驶和年度审核检查。

（5）改色贴膜，使用"车衣"更加方便快捷。现在已经有厂家能为某款车量身定做改色贴膜，在对全车改色时操作更方便，效果更理想。

第三节 汽车彩绘

一、汽车彩绘的定义和要求

汽车彩绘是现代美学艺术与汽车工业艺术的完美结合，是由专业的美术师先在车身表面通过手工绘画或喷涂工艺绘制出美术图案，再通过专业的汽车烤漆工艺而完成的一种视觉艺术。汽车彩绘与车身贴纸相比，完全能代替彩条、文字和图案、改色贴膜的粘贴工作，且技术含量更高，色彩更加丰富，色泽更加艳丽，更能满足个性化的要求。

汽车彩绘从持久性方面区分为两种：一次性和永久性。一次性就是能洗掉的，在不洗车的情况下保持1~2个月；永久性的成为汽车面漆层，经过烤漆，一般能保持10年。汽车彩绘从制作形式分为三种，即手工彩绘、喷笔（喷枪）彩绘和机器彩绘，如图5-3-1所示。

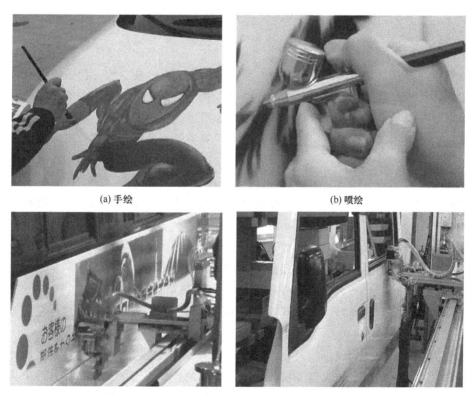

(a) 手绘　　　　　　　　　(b) 喷绘

(c) 机器彩绘

图5-3-1　汽车彩绘形式

汽车彩绘改变了汽车外貌，且色彩鲜艳很吸引人的眼光，在社会上有一定的影响，所以在进行汽车彩绘需要注意两个方面，一是要符合国家的相关法规政策规定，二是彩绘图案要符合文化导向及美学要求，不应该有涉及凶杀、暴力、血腥、色情、政治、恐怖、裸露、灾难、污辱性的文字及图案，应提倡积极、健康、文明、上进、爱心、自然、和谐的文化表达。如图 5-3-2 所示。

图 5-3-2　汽车彩绘内容要求健康

二、喷绘工具和设备

汽车彩绘所使用的设备主要是喷枪、喷笔、空气压缩机、连接的气管和接头以及刻制模板用的刻刀、刻板、胶带、直尺等，还有必备的电脑和家用打印机等。

三、形体模板

形体模板在汽车彩绘中是经常用到的一种辅助造型工具，在喷绘过程中使用它可以提高汽车彩绘效率。但尽管模板可提高效率，有些汽车彩绘图案还是不能依靠模板来帮助的，只能靠彩绘师的高超技术即兴发挥，如写实的发丝效果、光线的效果、云彩的绘制，以及一些没有明确轮廓的形体，如远景的树枝、山峦和在视觉上模糊的影像等等。形体模板通常有四种形式。

1. 硬模板

硬模板是用硬纸板（卡纸）制作的模板形式，主要通过透稿得到，操作时放在上面的是要画的图案，中间是复写纸或碳粉（碳粉均匀涂在图案的背面），下面是硬纸板，透稿时可用硬铅笔描画要画的图案轮廓，这样在卡纸上留有图案的清晰痕迹；再用刻纸刀顺着留在卡纸上的痕迹把需要刻绘的形体轮廓线刻开。

硬模板可以刻画形体比较清晰的图案，一般写实风格的图案，特别是画面中主体的形象，轮廓线本身就非常清晰，还有前后关系明确、明暗分明、界限分明的部分都需要借用硬模板的形式。

如果是直接在车体上绘制描线，则不需要用卡纸做模板。具体方法是：先在图样的背面涂上炭精粉，用棉花或纸巾把炭精粉揉入到纸内，目的是把多余的炭精粉擦掉以免弄脏车体表面。把涂有炭精粉的图样固定在车体需要绘制彩绘的地方，用铅笔描绘形体轮廓。用刻纸刀沿着卡纸上形体轮廓线的地方刻开。刻绘时需注意线的闭合和衔接，形体轮廓线要清晰、明确、有条理，用刻刀时要有力度，边缘要刻整齐；有些形体轮廓线不要都刻断，以免卡纸都刻开后散掉，刻开的地方可以用胶带粘贴好。如图 5-3-3 所示。

图 5-3-3　硬模板

2. 软模板

软模板也是透稿的模板形式，它是利用复写纸或炭粉把图案形体轮廓和结构线直接描绘在车身上，在车身上直接可以体现出形体线条，然后利用喷笔喷绘线条来绘制出图案。如图 5-3-4 所示。

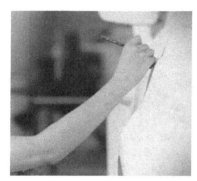 

图 5-3-4　软模板

3. 遮挡模板

遮挡模板是在喷绘过程中用来遮挡已经完成的局部以方便喷绘旁边形状操作的模板，特别是在喷绘有弧形的地方时经常使用。如图 5-3-5 所示。

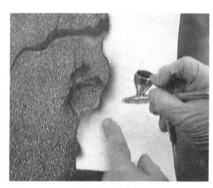 

图 5-3-5　遮挡模板

4. 适量模板

适量模板也叫漏板，是利用刻绘机或刻刀把图案形体线以适量封闭线的形式刻绘在不干胶纸或其他料板上，在不干胶纸或料板上形成可以镂空的图案。这种模板多应用在喷绘一些卡通图案、字体、标志、适量图文、边缘清晰的线条等。如图 5-3-6 所示。

图 5-3-6　适量模板

四、喷绘流程

(一) 喷绘文字

(1) 清洁待喷涂文字位置。

(2) 正确放置模板。有必要时将漏板贴在所需涂装的部位,更方便喷涂。

(3) 对准漏板镂空的部位进行喷涂即可。如图 5-3-7 所示。

图 5-3-7　喷绘文字

(二) 喷绘彩条

以在车门上喷绘火焰彩条为例。

(1) 清洁喷绘部位。根据车身清洗方法去污,并擦干、吹干。如图 5-3-8 所示。

图 5-3-8　清洁待喷绘表面

(2) 去光。去光也叫"磨亚",即在彩条喷绘区域至稍大地方,用 $1500^{\#}\sim2000^{\#}$ 水砂纸或百洁布进行打磨(水磨),将漆面光泽磨掉,处于"亚光"状态,以增强喷绘的附着力。

如图 5-3-9 所示。

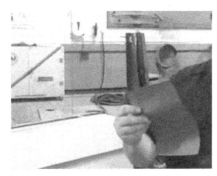
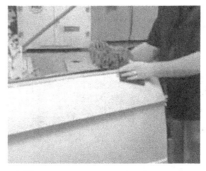

图 5-3-9　去光

（3）再次清洁喷绘部位。先使用高压水枪对打磨部位进行冲洗，再用除油剂抹拭除油，保证喷绘表面干净清洁。

（4）放线。利用 3～5mm 宽的彩色胶带纸进行放线，放线方法可参照前述粘贴彩条的方法，两者不同之处是粘贴彩条时彩色胶纸带是粘贴在放线位置，而在喷绘时彩色胶纸带是作为彩条的轮廓线（待喷绘的彩条在轮廓线包围空间位置）。如图 5-3-10 所示。

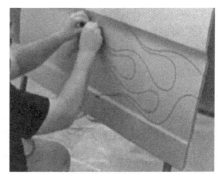

图 5-3-10　放线

（5）遮蔽。先用 40～50mm 宽的胶纸带把火焰彩条轮廓线外边、中间窄小空间遮蔽，再利用大张的遮蔽纸把车门其他部位进行遮蔽。如图 5-3-11 所示。

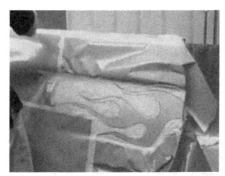

图 5-3-11　遮蔽

（6）喷绘。根据火焰颜色，选择相应色漆对车门火焰彩条位置进行喷涂，注意火焰渐变色和其他要求。如图 5-3-12 所示。

(7) 拆除遮蔽。在彩条喷涂完毕约 20min 后，小心地把所有遮蔽纸和彩色胶纸带拆除，得到火焰彩条。如图 5-3-13 所示。

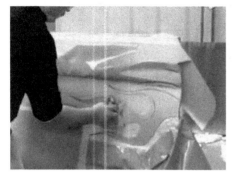

图 5-3-12　喷绘

图 5-3-13　拆除遮蔽

(8) 喷涂清漆。在彩条完全干燥后，对整个车门喷涂清漆，喷涂后产生光泽。

(9) 抛光。在清漆完全干燥后，对整个车门进行抛光处理。

(10) 工艺操作结束。

(三) 喷绘图案

以发动机盖喷绘火焰来重点介绍汽车喷绘操作的完整过程。

1. 设计喷绘图案

(1) 资料收集　汽车彩绘所体现的是客户个性化的需求，在彩绘的设计前必须要与客户沟通，保证作品是按照客户意愿来做的，然后根据客户的要求进行图案素材、客户车辆相片等资料的收集。

(2) 设计图案　根据客户的要求收集好图案素材并整理后，与客户一起商讨图案，并一起选择参考图案；根据客户的意愿和参考图案针对客户的车辆设计喷绘图案，并在电脑设计软件中模拟贴在客户的车型车体上，得出效果图。建议多设计几个效果图作为预案，方便客户确定。

(3) 定稿　由客户从几个效果图中确定其中最理想的一幅作为其车辆的喷绘图案。

2. 制作喷绘模板

(1) 电脑配图　在电脑中使用图案效果制作软件，把喷绘设计图案与客户车辆拍摄相片进行严格配置，并调整图案尺寸大小，得到与车辆喷绘部位尺寸实际大小一致的效果图。如图 5-3-14 所示。

(2) 打印图稿　把设计好的实际尺寸效果图打印出两份，一份便于喷绘时参考，用 A4

图 5-3-14　效果图

图 5-3-15　图片分割打印

纸打印就可以了；另一份是制作模板用的图案，要与实际喷绘画面大小一致。

对于制作模板用的图案，用专业喷绘机喷绘一张大图即可，但一般打印机需要用分割打印方法打印，再用美纹纸胶带进行拼图，即在分割打印出来的图案背面用纸胶带将它们依次粘贴一起，拼合成一张大图。如图 5-3-15 所示。

3. 车体表面处理

（1）去光处理　可用 1500#～2000# 的水磨砂纸或百洁布对喷绘区域进行水磨，也可以用机械打磨，但要正确选择干磨砂纸规格或其他打干磨材料，注意打磨的方法和手法，打磨要均匀，且避免在车体上出现划痕，如图 5-3-16 所示。干磨砂纸和水磨砂纸效果比较见表 5-3-1。

图 5-3-16　去光处理

表 5-3-1　干磨砂纸和水磨砂纸效果比较（粒度单位 P）

干磨砂纸	40	60	80	100	120	150	180	240	280	320	400	600	800
水磨砂纸	80～120	150～180	180～220	220～240	240～280	280～320	320～360	400～500	500～600	600～800	800～1000	1000～1200	1200～1500

（2）找平　认真检查喷绘区域车体表面，如有碰撞划痕，必须使用原子灰填补，并打磨平整。

（3）清洁　打磨后先使用高压水枪冲洗，把失光处理或找平处理时打磨的污物清除干净，用美容毛巾擦干，气吹枪吹干；再用除油剂和除尘布除油、灰尘，以有利于提高喷绘的附着力。

4. 遮蔽

根据喷绘部位和被喷绘部件所处状态（如被喷绘部件是在车身上还是被拆下来，喷绘部件全部表面还是局部等）选择是否遮蔽，或遮蔽部位。

5. 透稿

根据喷绘图案的简单或复杂，或者根据喷绘板面形状、放置等情况灵活选用合适的模板形式和透稿方法。本例利用软模板喷绘，其透稿方法如下：

（1）对喷绘区域喷涂一浅薄层灰白漆。一般汽车喷绘图案都从白色喷起，在原来漆面非浅色的情况下更加如此，在干燥后清洁干净该区域。如图 5-3-17 所示。

（2）把画纸放在发动机盖需要喷绘的正确位置，先用铅笔画出火焰图案，再用切割工具沿图案轮廓线小心切割。注意切割力度，要求切割透画纸，但不能划伤漆面。如图 5-3-18 所示。

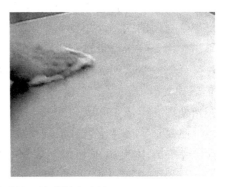

图 5-3-17 对喷绘区域喷涂一浅薄层灰白漆

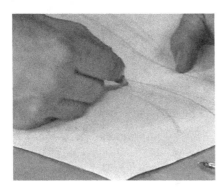

图 5-3-18 绘画

（3）涂炭粉。用海绵盘，沿已经切割过的轮廓线均匀涂抹炭粉；把画纸揭开，在发动机盖上便得到火焰的轮廓线。如图 5-3-19 所示。

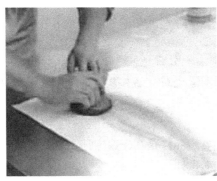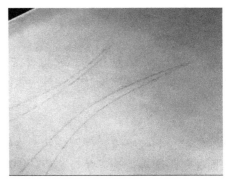

图 5-3-19 涂炭粉

（4）定位轮廓线。用胶带沿透稿得到的火焰轮廓线进行准确定位，注意区分胶带的内、外边缘相贴轮廓线位置；并用另一张画纸做遮蔽纸，而且也要把它铺平和定位好。如图 5-3-20所示。

（5）用切割工具沿胶带边缘小心顺线切割火焰轮廓线，注意区分什么地方要沿胶带内边缘位置切割、什么地方要沿胶带外边缘位置切割；切割完毕后把画纸火焰部分撕开。如图 5-3-21 所示。

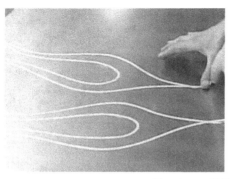

图 5-3-20　定位轮廓线并遮蔽

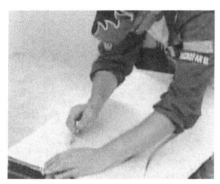
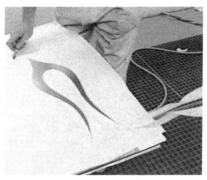

图 5-3-21　沿轮廓线切割

6. 喷绘

（1）喷绘水印。此火焰有"美元"水印要求，用"美元"模板喷绘。如图 5-3-22 所示。

（2）喷火焰各种颜色。根据效果图，利用黄色、红色等涂料进行喷绘。如图 5-3-23 所示。

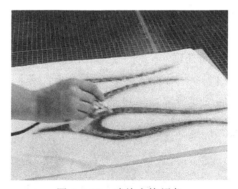

图 5-3-22　喷绘图案水印　　　　　　　　图 5-3-23　喷绘火焰颜色

（3）喷火焰渐变色。渐变色是汽车喷绘常用的效果，能体现颜色由浅入深，或者由深到浅等的变化。操作时先把定位轮廓的胶带撕开，再喷绘。如图 5-3-24 所示。

（4）综合效果喷绘。根据前述方法，把喷绘区域的所有火焰全部喷绘在发动机盖上，并处理好各个细节。在喷绘相邻火焰交汇的地方，经常要使用遮挡模板遮挡已经完成的局部位置。如图 5-3-25 所示。

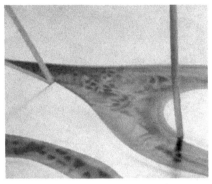 

图 5-3-24　喷火焰渐变色

图 5-3-25　综合发动机盖喷绘效果

7. 喷清漆

清漆是一种透明的涂料，也叫"光油"，喷涂后在图案表面或车体色漆表面形成一层保护层，光泽度很高，使得喷绘的图案亮丽，光彩照人。如图 5-3-26 所示。

8. 烤漆

烤漆前，注意清洁烤漆房，以免灰尘等污染物对车漆造成污染。一般喷好清漆后烘烤 30min 即可。

9. 抛光处理

汽车喷绘属于个性化的美观追求，必须满足光亮、平滑、艳丽的要求，达到镜面效果。汽车表面经喷涂之后，可能会出现粗粒、砂纸痕、流痕、反白、橘皮等漆膜表面的细小缺

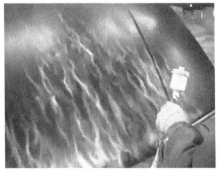 

图 5-3-26　喷清漆　　　　　　　　　　图 5-3-27　安装

陷，这些缺陷必须进行抛光处理；注意必须在清漆完全干燥后才能进行抛光工作。

10. 安装

把发动机盖安装在车身上时，注意调整好配合间隙，并且要开关顺畅。如图 5-3-27 所示。

操作注意事项提示：

（1）透稿前的失光打磨应确保打磨均匀，把握好力度，既不能伤到底漆又要把面漆打磨干净，这才不会降低原来漆面对汽车的保护作用，提高喷绘的附着力和艳丽效果。

（2）涂料的配比对调色是相当重要的，色彩的把握、色彩的渐变以及图案绘制的先后次序将直接影响作品的表现效果。

（3）喷绘后的漆面抛光要均匀，不能留下胶痕、抛光痕，避免出现凹凸不平的现象，影响喷绘颜色的鲜艳程度。

第四节 汽车外围装饰

一、改装中网

1. 汽车中网作用

中网即散热器罩，又名汽车前脸，散热格栅以及水箱护罩等，其作用主要是利于水箱、发动机、空调等的进气通风，防止行驶时外来物对散热器和发动机等部件的破坏；改装目的是增加美观和彰显个性、体现车主风格。中网的位置各异，有在散热器上、保险杠上、在挡泥板上、车顶中和车躯干中等位置。

2. 汽车中网材质

汽车中网材质有 ABS 塑料、碳纤维、玻璃钢、塑胶和金属等。汽车中网改装一般是把非金属材质的改为金属材质的中网，或者把不满意的金属网改变为自己喜欢的金属网，现在的金属材质中网是由铝做成，其表面采用先进的镜面抛光处理技术，平滑如镜，使得中网表面更具立体感。

3. 汽车中网改装步骤

汽车中网的改装，一般只是加装而已，即把金属中网通过卡扣和螺丝固定在原来塑料中网外面上，其操作步骤如下。

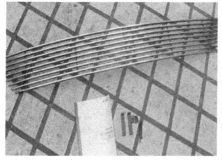 

图 5-4-1 中网及配件

(1) 准备工具和材料

工具主要是螺丝刀。中网及配件如图 5-4-1 所示。

(2) 确定中网固定位置

把加装的中网放置在汽车原中网外面，调整好上下、左右位置，标记好固定位置。如图 5-4-2 所示。

(3) 组装卡扣

把卡扣和固定片组装好，注意它们的安装孔要对正；有两组卡扣，都要组装好。如图 5-4-3 所示。

(4) 连接卡扣和中网

在标记好的固定位置，将螺丝穿过中网固定孔与卡扣连接；注意中网两端卡扣都要连接，暂时不要固定它们。如图 5-4-4 所示。

图 5-4-2 确定中网固定位置

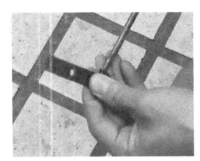

图 5-4-3 组装卡扣

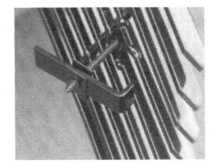

图 5-4-4 连接卡扣和中网

图 5-4-5 安装中网

（5）安装中网

将卡扣穿过原车中网空隙，调整好卡扣方向和中网配合间隙，然后上紧螺丝即可。如图 5-4-5 所示。

（6）结束

汽车中网加装前后对比如图 5-4-6 所示。

图 5-4-6　中网加装前后对比

 操作注意事项提示：

（1）不同的厂家，中网卡扣不同，固定形式也不同；如有的厂家加装中网两端固定所用的卡扣不同，其位置是可调整的。例如"S"形卡扣如图 5-4-7 所示。

（2）有些车辆，加装中网有上下、左右部分，加装中网时要先拆卸中网护板再进行加装中网。如图 5-4-8 所示。

图 5-4-7　"S"形卡扣　　　　　　　　图 5-4-8　加装上中网要拆卸护板

二、加装大包围

1. 汽车大包围作用

汽车大包围源自于赛车运动，专业名称叫做"车身外部空气扰流组件"，一般指汽车车身下部宽大的裙边式装饰。其主要作用是降低汽车行驶时所产生的逆向气流，同时增加汽车的下压力，使汽车高速行驶时更加平稳，并且减少耗油量；加装大包围也使车身显得更加美观和气派。

轿车大包围由前包围件、后包围件和左右侧裙包围件等组成，如图 5-4-9 所示。

图 5-4-9　汽车大包围

2. 汽车大包围的种类和组成

汽车大包围按照安装方式分为唇式款和保险杠式款两大类。唇款式大包围指在不拆除汽车原前、后保险杠的前提下直接加装的包围件；这种包围件加装在汽车上后和原保险杠就像人的上嘴唇和下嘴唇，顾名思义叫唇式款，其安装技术要求较高。保险杠款式指将保险杠和下唇做成一体的前后包围件，安装时要将原来的前后保险杠拆下，安装后不仅有空气扰流和美观作用，还兼有保险杠的保护作用。

3. 大包围的安装方法和步骤

以安装唇款类大包围为例，唇款类大包围对安装的密合度要求比较高。大包围安装一般至少需要两个人，操作顺序是先安装前包围，然后安装裙边包围，最后安装后包围。前、后包围和裙边的包围安装方法基本一样，在此以前包围件安装过程介绍它们的具体安装方法和步骤。

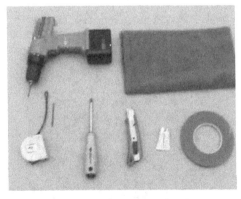

图 5-4-10　大包围安装工具和材料

（1）工具材料准备。工具材料准备主要有手电钻、螺丝刀、卷尺、美术刀、干净毛巾、增粘剂（或用酒精）和胶带（如 3M 胶带）等。如图 5-4-10 所示。

（2）拆除前包围件包装。先在地面上垫上纸板之类的物品，把前包围件放平，再小心地把包围件包装拆开，注意不能弄脏包围件或使包围件变形。如图 5-4-11 所示。

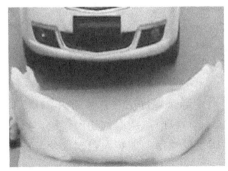 

图 5-4-11　拆包围件包装

(3) 清洁车身。把车身安装大包围的地方彻底擦拭干净。

(4) 清洁前包围件。用干净毛巾对前包围件内侧粘贴胶带位置进行除油除尘。如图5-4-12所示。

图 5-4-12 清洁包围件

(5) 在粘贴位置涂抹增粘剂。在车身上包围件贴合处和前包围件内侧面粘贴胶带位置涂抹增粘剂。如图5-4-13所示。

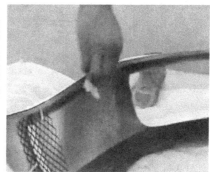

图 5-4-13 在粘贴位置涂抹增粘剂

(6) 在前包围件边缘粘贴胶带（如3M胶带），注意压实。注意沿前包围件边缘弧度贴足胶带，一道不够，则往下再贴一道。如图5-4-14所示。

图 5-4-14 包围件边缘粘贴胶带

(7) 在外面一道胶带每个断口处，把胶带保护膜分离约5cm，以便于安装时在车身上对位后容易撕开保护膜。注意里面的胶带，在把包围件安装到车身前要把其保护膜全部撕开，否则安装后撕不开保护膜，影响粘贴效果。如图5-4-15所示。

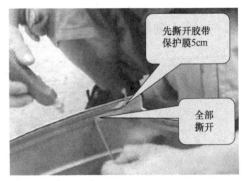

图 5-4-15　在断口处把胶带保护膜分离约 5cm

图 5-4-16　两人合作安装包围件

（8）安装前包围件。两人合作，把前包围件放到车身上准确位置，套装在前保险杠外面。如图 5-4-16 所示。

（9）前包围件定位后，用右手压住前包围件，左手把胶带保护膜撕开。然后轻轻压实前包围件，使其粘贴牢固。如图 5-4-17 所示。

（10）钻孔。在前包围件左右两侧钻孔，使前包围件能与保险杠连接起来。注意每侧钻两个孔，钻孔前先把车轮转到一边，方便钻孔操作。如图 5-4-18 所示。

（11）固定。用自攻螺钉把前包围件固定在保险杠左右两侧上。如图 5-4-19 所示。

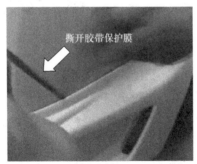

图 5-4-17　粘贴包围件

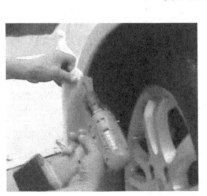

图 5-4-18　钻孔

图 5-4-19　用螺丝固定

（12）检查。在车上通过转向器转动车轮，检查车轮是否碰撞到前包围件；如果有碰撞，必须对前包围件进行切割、打磨处理。如图 5-4-20 所示。

（13）结束。结束后清洁车身和场地。前包围件安装效果如图 5-4-21 所示。

图 5-4-20　检查

图 5-4-21　包围效果

操作注意事项提示：

（1）加装大包围的汽车只适合在平坦和良好的道路上行驶，如果汽车经常要在不平的路面上行驶，就不适宜加装大包围。

（2）建议不要选用需要拆除原车的保险杠才能安装的大包围。因为后制作的大包围构件材料往往不及原保险杠坚韧。若要选用拆除原保险杠的大包围，应想法将原保险杠中能起缓冲作用的部分移植到后制作的大包围中，以免减弱对汽车的保护作用。

三、安装导流板

1. 汽车导流板的作用

汽车在行驶过程中，要克服因空气原因产生的各种阻力。经过汽车底部的气流，钻进不同形状的缝隙中也会产生阻力，影响汽车行驶；同时当气流通过轿车底部时，可对车体前部和发动机底部产生压力，这种压力使车体前端产生略为向上抬起的提升力，导致轮胎抓地能力降低，从而影响轿车转向的控制能力。

导流板有前导流板和后导流板，安装导流板后，可对前后端气流起到导流作用。前导流板能使前端气流比较通顺地从前端上部和两侧通过，减少前端气流从发动机下部和底盘下部通过，从而减少其阻力、压力和前端提升力；后导流板也能使后端气流平滑通过汽车底部，减少其他力的影响。前、后导流板如图 5-4-22 所示。

2. 导流板的安装步骤

前、后导流板的安装方法一样，以下仅介绍前导流板的安装步骤。

（1）拆卸。拆下前保险杠下部的车身板件。如图 5-4-23 所示。

（2）定位。在前保险杠的下面换上新导流板，并与两个轮罩对中，还要保证导流板前面的上缘落在前板的里边；用虎钳夹把导流板的边角夹紧到轮罩上。

（3）用划线方法将前车身板件的安装孔位置标记在导流板上，将导流板端部的安装孔标

(a) 卡宴9551前、后保险杠下导流板

(b) 卡宴9551

图 5-4-22 前、后导流板

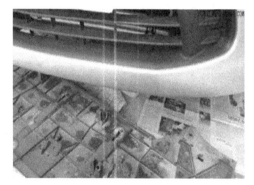

图 5-4-23 拆卸部件

记到轮罩上。

(4) 钻孔。用直径合适的钻头根据标记位置钻穿金属薄板和导流板孔。

(5) 固定。先用螺栓将导流板引导安装到位,并检查是否正确对中,再将螺栓拧紧。

(6) 安装结束。

四、加装扰流板

扰流板也叫尾翼、后翼板,是可以安装在轿车行李箱盖上后端形似鸭尾状的构件,与大包围、导流板一样,是一种根据空气动力学原理研制的产品。

1. 安装扰流板的目的

在汽车行驶中,后端气流从顶部、两侧及底部流过,使轿车受到阻力和提升力的作用,因此影响轿车行驶的安全性,使操纵不稳定,也对轿车起到破坏作用。为减小后端气流对行车的影响,减小后端提升力及阻力,提高行车的安全性,可采取安装扰流板的措施来实现这一目的。

2. 扰流板的种类

扰流板从构造上可分有灯型、无灯型,有灯型的灯一般为装饰灯、制动灯和转向灯;从颜色上分有面漆型和底漆型,前者可直接安装使用,后者还要在底漆基础上喷涂相应颜色面漆才能安装使用;从材质上分有塑料、玻璃钢和铝合金等类型。

3. 扰流板的安装方法和步骤

扰流板的安装方式主要有粘贴式和螺栓固定式两种。前者可避免破坏行李箱盖且不会漏水;后者固定牢固,但因有钻孔会破坏行李箱盖的外观,且安装质量不好时会产生漏水现象。

(1) 螺栓固定式安装扰流板

① 准备工具和材料。准备打胶枪及玻璃胶、手电钻、螺丝刀、卷尺、记号笔等工具和材料。本例为二厢车、塑料材质扰流板的安装。

② 定位。把扰流板临时放到车身安装位置上,调整好后准确位置后做好标记。如图5-4-24所示。

(a) 扰流板临时放到车身安装位置上定位

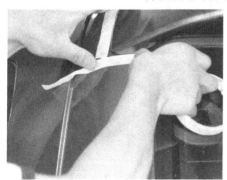

(b) 做好标记

图 5-4-24　定位

③ 钻孔。根据标记及安装需要用手电钻准确钻孔,一般一边两个。钻孔后进行清洁,把做标记的纸胶带撕开,并用毛巾擦干净安装位置。如图5-4-25所示。

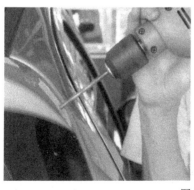

图 5-4-25　钻孔

④ 安装。根据标记把扰流板放置在车身上,用手在行李箱盖外面压住扰流板(两人合作最好),用工具在行李箱盖里面拧紧螺栓。如图5-4-26所示。

 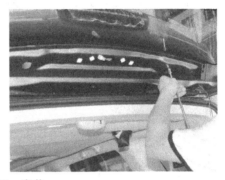

图 5-4-26　安装

⑤ 加固。在行李箱盖内的固定螺栓周围打上一层玻璃胶。再次做防止渗水措施。如图 5-4-27 所示。

⑥ 结束。结束后清洁扰流板和车身，效果如图 5-4-28 所示。

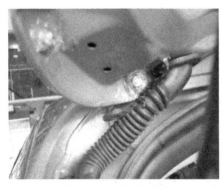 

图 5-4-27　加固防渗水　　　　　　　图 5-4-28　安装效果

（2）粘贴式安装扰流板

① 准备工具和材料。准备打胶枪及玻璃胶、美工刀、胶带（如 3M 胶带）、宽尺寸透明胶、增粘剂等工具和材料。本例为二厢车、塑料材质扰流板的安装。

② 清洁。清洁车身安装扰流板的位置和扰流板内侧，并涂抹增粘剂。注意要做到除油除尘，保证干燥。

③ 定位。把扰流板临时放到车身上，标记好位置。

④ 上胶。在扰流板内侧边缘上粘贴胶带并压实，用打胶枪在扰流板内侧合适位置适当

图 5-4-29　上胶　　　　　　　　　图 5-4-30　安装

施加一些玻璃胶。如图 5-4-29 所示。

⑤ 安装。把胶带保护膜撕开，根据标记准确地把扰流板放到车身上，压实。如图5-4-30所示。

⑥ 加固。用宽尺寸透明胶把扰流板和车身粘连在一起，增强粘合强度。如图 5-4-31所示。

⑦ 结束。效果如图 5-4-32 所示。

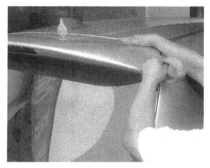
图 5-4-31　用透明胶加固

图 5-4-32　安装效果

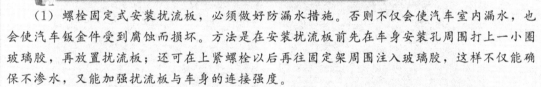
操作注意事项提示：

（1）螺栓固定式安装扰流板，必须做好防漏水措施。否则不仅会使汽车室内漏水，也会使汽车钣金件受到腐蚀而损坏。方法是在安装扰流板前先在车身安装孔周围打上一小圈玻璃胶，再放置扰流板；还可在上紧螺栓以后再往固定架周围注入玻璃胶，这样不仅能确保不渗水，又能加强扰流板与车身的连接强度。

（2）粘贴式安装扰流板，固定的透明胶要经48h后，粘合胶干燥才能撕掉。

五、安装轮眉

1. 轮眉作用

轮眉安装在车身翼子板的最外沿，不仅能起到保护轮弧的作用，还是非常美观的装饰件。特别是不锈钢轮眉，在阳光照射下会发出耀眼的白光，使整个车身显得更加饱满、坚实。

2. 轮眉种类

轮眉依材质分为金属与塑胶两种，依安装方式分为粘贴式和卡扣式两种；其中卡扣式又分钻孔式和扣边式两种，钻孔式卡扣为普通卡扣，扣边式卡扣为金属卡扣。如图 5-4-33所示。

3. 轮眉的安装方法

在此以比较流行的不锈钢轮眉为例介绍轮眉安装方法和步骤。不锈钢轮眉安装属于勾边式卡扣安装，卡扣是金属材质卡扣，安装非常方便。

（1）先安装轮眉中间固定卡扣

① 把固定卡扣穿过轮眉中间那个安装孔。如图 5-4-34 所示。

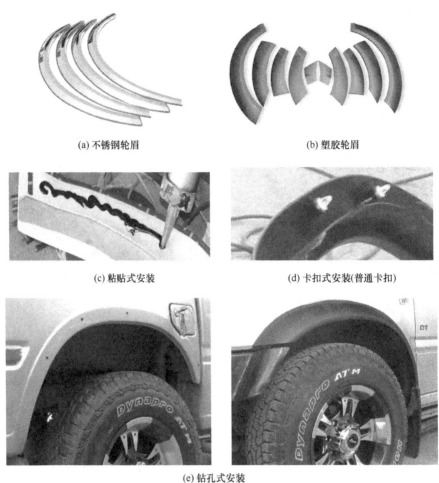

(a) 不锈钢轮眉 (b) 塑胶轮眉
(c) 粘贴式安装 (d) 卡扣式安装(普通卡扣)
(e) 钻孔式安装

图 5-4-33 轮眉种类

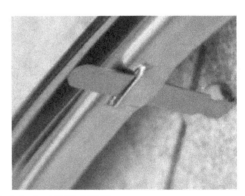

图 5-4-34 把固定卡扣穿过轮眉安装孔

② 把轮眉放到轮罩上调整好轮眉在轮罩上的位置后,用手在轮罩里边压住固定卡扣钩头,使其紧紧勾住轮罩内侧边缘。注意,有些车辆在安装轮眉前,要先把挡泥板拆下,待轮眉安装完成后再把它装回去。如图 5-4-35 所示。

③ 用钳子钳住固定卡扣外头,并适当施加拉力往外拉紧,然后再往轮罩里面反扣和压紧即可。如图 5-4-36 所示。

图 5-4-35　把轮眉放到轮罩上并调整好位置

图 5-4-36　反扣卡扣

（2）再安装轮眉两边固定卡扣
① 同轮眉中间固定卡扣安装方法一样，安装轮眉前面的固定卡扣。如图 5-4-37 所示。

图 5-4-37　安装前面位置卡扣

② 同轮眉中间固定卡扣安装方法一样，安装轮眉后面的固定卡扣。如图 5-4-38 所示。
（3）同样方法安装完四个轮罩的轮眉
一个轮眉安装效果如图 5-4-39 所示。

六、改装轮毂盖

1. 轮毂盖的作用

轮毂盖一般是用塑料制造，再在表面用油漆涂装形成，是汽车重要的外装饰件，位于汽

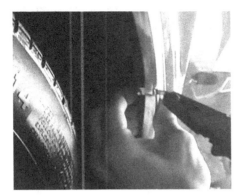 

图 5-4-38 安装后面卡扣

图 5-4-39 轮眉安装效果

车外部的醒目位置。高品质的轮毂盖能烘托出整车的造型效果，提高车辆的价值，更能让用户加深对汽车品牌概念的理解。轮毂盖除了能外观装饰，还可对轮轴端及紧固螺栓防尘保护。

2. 正确选择轮毂盖

轮毂盖选用最重要是质量要可靠，其次是色泽、尺寸。轮毂盖用不锈钢钢丝卡簧和固定支夹固定在车轮轮圈上，合格产品须经过制造商的拆卸力测试，以确保产品的安全性。在选用时要注意饰盖及装配件的材质、结构等；如果卡口不紧，弹簧材料不过关，则易导致饰盖脱落，特别是在高速行驶时，脱落饰盖对于行车、行人都是相当危险的。如 ABS 材料要比 PP 材料强度高、耐用。

如图 5-4-40 所示，图 5-4-40（a）结构为大小圈双弹簧扣，且充满加强筋的轮毂盖，其强度明显比图 5-4-40（b）单大圈弹簧扣，中间又没有加强筋的轮毂盖质量有保证。

(a) 质量较好的轮毂盖　　　　　　　　(b) 质量较差的轮毂盖

图 5-4-40 质量不同的轮毂盖

3. 轮毂盖的改装方法与步骤

（1）清洁

安装前对车轮及轮毂盖进行清洁处理，清除尘土污物，使车轮和轮毂盖清洁、干燥。

（2）拆除原车小轮毂盖

用一字螺丝刀从缺口处小心撬出原车的小轮毂盖。如图 5-4-41 所示。

提示：先在轮毂盖小盖的缺口处撬开，拆卸更加方便。

图 5-4-41　拆除原车小轮毂盖

（3）安装新轮毂盖

使新轮毂盖缺口对准轮胎气门嘴，双手托住轮毂盖往里面稍微用力按，再用手拍或用拳头轻轻捶一下轮毂盖边缘和中间位置，使轮毂盖的各个卡扣都能扣紧即可，如图 5-4-42 所示。

要对正气门嘴

图 5-4-42　安装轮毂盖

（4）检验

为检验轮毂盖安装得是否牢固，可用双手抓住轮毂盖的辐条左右摇动并往外拉。如感觉有松动，则应分析产生原因，并重新调整安装好，确保轮毂盖牢固地固定在车轮上，以保证其使用的安全性。

一般情况下，如果仅仅有松动现象，可以把轮毂盖气门处弯曲的钢丝扳直一点即可增大张力，保证紧固。如图 5-4-43 所示。

（5）结束

操作结束后，清洁车身车轮、轮毂盖。轮毂

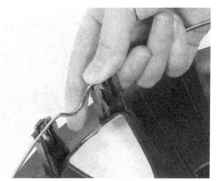

图 5-4-43　调节轮毂盖安装的松紧度

改装前后对比如图 5-4-44 所示。

图 5-4-44　轮毂盖改装前后对比

七、安装防撞条

1. 防撞条作用

防撞条也叫防擦条，是汽车防撞抗振的塑料胶条，厚度 20mm 左右。将防撞条粘贴在汽车前后保险杠的 4 个转角处、车门、后视镜等部位，能有效地防止不小心刮碰到障碍物而意外引起的汽车损伤。

2. 防撞条安装方法

（1）清洁。先将保险杠清洗干净，再用无尘棉布蘸上酒精擦拭保险杠上欲安装防撞条的部位和防撞条的背面，如图 5-4-45 所示。

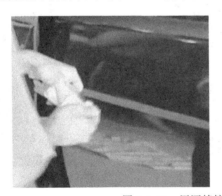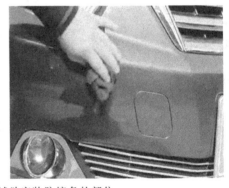

图 5-4-45　用酒精擦拭欲安装防撞条的部位

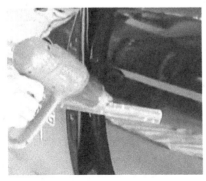

图 5-4-46　加热防撞条的双面胶　　　图 5-4-47　撕去胶面保护膜

（2）用热风枪将防撞条的双面胶加热，增加其黏性，如图 5-4-46 所示。

（3）撕去防撞条双面胶上的保护膜（衬贴），如图 5-4-47 所示。

（4）再次用热风枪加热防撞条已经撕掉保护膜的胶面；建议对车身粘贴防撞条的部分也进行加热，但一定要注意控制好温度，以免造成对漆面的破坏。

（5）安装。将防撞条压紧、固定在保险杠转角处的合适位置；撕掉防撞条表面透明保护膜。如图 5-4-48 所示。

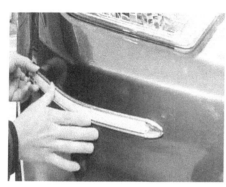 

图 5-4-48　安装防撞条

（6）按照以上方法安装其他位置的防撞条，操作结束。

操作注意事项提示：

一套保险杠防撞条分前、后保险杠的左、右转角各一条，总共四条，粘贴时要讲究美观，应注意前、后、左、右的对称性。

八、安装车顶行李架或车顶箱

1. 车顶行李架或车顶箱的作用

能解决汽车空间不足的最常见方法就是安装车顶行李架或车顶箱，车顶行李架能够放置体积大的行李、自行车和折叠床等，特别适合喜欢长途自驾游的车主；车顶箱也能明显增加汽车的收纳空间，且能防雨，方便随车携带不能被雨淋的物品。如图 5-4-49 所示。

(a) 车顶行李架　　　　　　　　　　　(b) 车顶行李箱

图 5-4-49

(c) 车顶自行车架

图 5-4-49　车顶行李架和车顶箱

2. 正确选择车顶架

车顶架主要根据车型车顶的结构来选择。有的车顶原来已经预留有安装车顶架的行李架纵轨或行李架接口；如果没有预留的接口，必须用专门的行李架卡扣加装行李架。可以根据这些结构特点来进行正确选择车顶架。

（1）行李架纵轨结构与车顶架安装方法

车顶行李架纵轨常见的有分离式、一体式和 T 字型式三种，它们的结构及安装行李架方法如图 5-4-50 所示。

(a) 分离式纵轨结构及安装方法

(b) 一体式纵轨结构及安装方法

(c) T字型纵轨结构及安装方法

图 5-4-50　行李架纵轨结构及顶架安装方法

(2) 车顶预留接口结构及行李架安装方法

车顶有预留接口，预留接口有在车顶上的，也有暗藏在门框上的，它们的结构及行李架安装方法不同。

① 预留接口在车顶上的结构及安装方法。如图 5-4-51 所示。

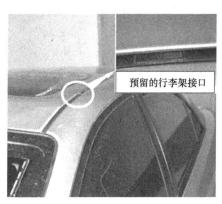

(a) 找出接口

(b) 加连接片和螺栓进行安装

图 5-4-51　车顶有行李架接口的安装方法

② 暗藏接口的结构及安装方法。如图 5-4-52 所示。

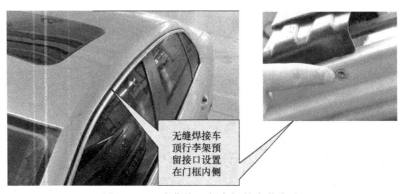

图 5-4-52 暗藏接口行李架的安装方法

(3) 无纵轨无接口的安装方法

无纵轨无接口的车顶,安装行李架需要特殊的卡扣。如图 5-4-53 所示。

 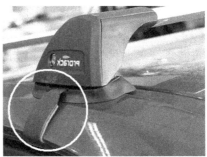

图 5-4-53 无纵轨无接口的行李架安装方法

3. 行李架安装步骤

车顶架或车顶箱安装方法一样,最主要的是先安装两根横杆;安装好两根横杆后,就可以在其上面安装车顶架、车顶箱和自行车架等,现以奥迪 A4(A6)车顶箱安装为例具体说明它们的安装方法和步骤。

(1) 安装车顶架横杆

① 奥迪 A4(A6)车身原先已经预留了安装的位置,相对来说安装比较方便。

② 拆除包装,检查横杆和专用工具、减振橡胶条和说明书等。如图 5-4-54 所示。

③ 阅读安装说明书。如图 5-4-55 所示。

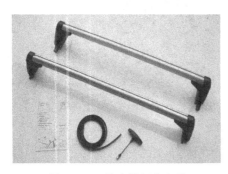 

图 5-4-54 检查横杆和配件　　图 5-4-55 阅读安装说明书

④ 打开横杆两端面的固定螺栓装饰盖，并用专用工具拧松固定螺栓。如图 5-4-56 所示。

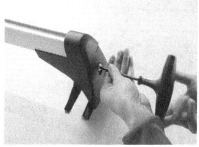

图 5-4-56　打开螺栓装饰盖并拧松固定螺栓

⑤ 两人合作，将行李架横杆放置车顶上。注意，事先要打开车门和找到行李架安装位置。如图 5-4-57 所示。

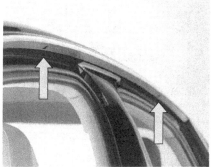

图 5-4-57　将行李架横杆放置车顶上

⑥ 先使行李架横杆上的销钉对准车身上定位孔，然后扣紧，再用专用工具上紧固定螺栓，并盖上螺栓装饰盖。如图 5-4-58 所示。

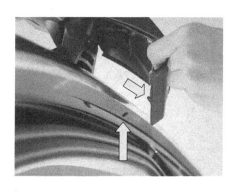

图 5-4-58　定位安装

⑦ 把横杆两端的装饰盖打开，装上行李架配套的减振橡胶条，并把多余的剪断。如图 5-4-59 所示。

图 5-4-59　装减振橡胶条并把多余的剪断

⑧ 按同样方法安装另一根行李架横杆。如图 5-4-60 所示。

图 5-4-60　同样方法安装另一根行李架横杆

（2）安装车顶行李箱

① 两人合作,把行李箱放上车顶,并且放在行李架两横杆的中间位置。如图 5-4-61 所示。

② 准备好行李箱的安装零件,如 U 形螺栓、特制螺母扣等。如图 5-4-62 所示。

图 5-4-61　把行李箱放上车顶　　　　图 5-4-62　准备行李箱安装零件

③ 用行李箱钥匙打开行李箱,把 U 形螺栓从行李箱底下先扣住行李架横杆,再穿过安装孔到达行李箱里面。如图 5-4-63 所示。

④ 在行李箱里面,用特制螺母扣把螺栓锁上,并按下保险按钮,确保固定牢靠。如图 5-4-64 所示。

图 5-4-63　U 形螺栓扣住横杆

图 5-4-64　用特制螺母扣把螺栓锁上

⑤ 同样方法安装完行李箱的四个角连接螺栓，盖上车顶行李箱盖，并锁好，操作结束。如图 5-4-65 所示。

图 5-4-65　安装完行李箱

（3）安装车顶行李架

① 打开两根横杆的一端装饰盖，把减振橡胶条取出，每根横杆槽内安装上两个专用螺栓，且放置在平行位置。如图 5-4-66 所示。

② 放上车顶行李架。如图 5-4-67 所示。

图 5-4-66　每根横杆装上两个螺栓

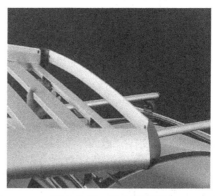
图 5-4-67　放上行李架

③ 先使两根横杆的第一个螺栓穿过行李架的前面两个定位孔；然后把行李架往对面推动，到合适位置再把另两个螺栓穿过行李架的另两个定位孔。如图5-4-68所示。

图5-4-68 使横杆四个螺栓全穿过行李架定位孔

④ 把行李架推到横杆中间。如图5-4-69所示。

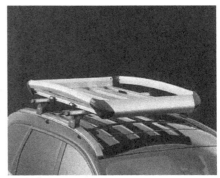

图5-4-69 把行李架推到横杆中间

⑤ 上紧四个固定螺母，并扣上装饰盒和锁上。如图5-4-70所示。

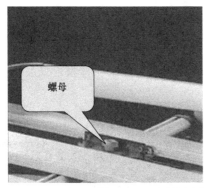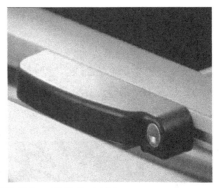

图5-4-70 上紧固定螺母并扣上装饰盒和锁上

⑥ 操作结束。

 操作注意事项提示：

（1）在选购时一定要注意产品的质量。车顶行李架的主体支撑部位主要有铝合金以及高强度塑料（尼龙加上混合玻璃纤维）两种制作材料。质量保证的行李架不仅增加车身的强度，同时还可以最大限度地避免行李架在使用时对车顶漆的损伤；相反，加装粗劣的行李架只能损伤车体和制造行车危险。

（2）不是所有的车型都适合装行李架，对于没有预留安装行李架位置的车子，在车顶钻孔的过程中必须注意位置要准确，安装时必须确保做好车身的防漏、防锈工作，否则会影响车辆使用。

（3）越野车本身的高度太高，注意车高加行李架不能超过2.3m。

（4）在安装时一定要按照相关规程，否则可能会出现安装未到位的情况，或者当力矩过大时会扭曲车顶；特别是对于有天窗的汽车，不按照规程安装车顶行李架会使坏天窗被损坏。

（5）在车顶加装行李架或顶箱后，必须告知车主在行车前要注意检查行李架或顶箱是否牢靠，确保牢靠后才能行驶；行车过程中注意紧急制动有可能造成行李架或顶箱松动，所以也要减少紧急制动。

（6）行车前，货物要在行李架上绑紧或固定好，摆放均匀，没有伸缩性的，要加行李网；车顶行李箱内物品也必须用松紧带绑紧。如图5-4-71所示。

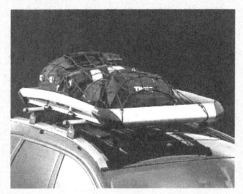

图5-4-71　行车前要捆绑好行李架或行李箱中物品

（7）货物不能超过行李架的设计承重，承重设计一般为30～50kg。

操作技巧总结

汽车外表美容主要是漆面维护保养、增艳、划痕修复等，进行漆面维护保养时要合理选择相关工艺，划痕修复前要准确判断损伤程度，然后合理选择适当的修复方法。汽车外表装饰主要是改装或加装附件和装饰物，要尊重个性，根据车主的装饰目的选择项目，安装操作时要对安装件紧固可靠，不能损伤汽车结构和漆面。

第六章
汽车室内美容装饰与操作技巧

汽车室内美容指针对汽车发动机室、驾乘室和行李箱的清洁护理工作，其常规工作如使用吸尘器对车内篷壁、地板、木质装饰、座椅垫、倒车镜、安全带、车内空调出风口、地板等部位进行及吸尘，用美容毛巾和相应清洁剂对室内各种装饰物进行擦拭工作，在第三章"洗车与操作技巧"已经介绍，在此主要是对室内顽固污渍清除和空气净化方法做介绍。汽车室内装饰在此主要介绍香品和小饰物的使用。

一、室内顽固污渍清除

汽车是人们一个活动的家，在一般情况下，汽车内室的污渍主要是以各类油污为主的油垢，但有时也会出现有饮料、墨汁、糖果汁、水果汁、血迹、口香糖残渣等其他污迹，其中一些污迹非常顽固，方法不当就很难处理干净。

1. 常见汽车室内顽固污渍的清除方法

（1）饮料

若不慎将可乐、冰淇淋、牛奶或咖啡等饮料洒在车上时，可先用冷水浸湿的布擦拭，千万不可用肥皂或热水来清理，以免使印痕加深。如有需要，可用泡沫清洁剂，用海绵或毛刷轻轻刷洗，随后用湿布擦拭，最后再用纸巾或干毛巾擦干。

（2）糖果

对掉落在地毯及座椅上的糖果，应首先把固体部分清除掉，然后再清理残留的糖汁。一般用热水浸泡的抹布擦拭，如果是巧克力，可用温水浸湿的抹布擦拭，如果需要可加用清洁剂。

（3）口香糖

口香糖的性质是愈热愈黏，不容易除掉，因此一定要冷处理。先用冰块按于口香糖上使之冷却硬化，然后把它拧下来，剩余部分可用比较钝的小刀轻轻刮掉。

（4）番茄酱及口红

番茄酱滴落在座椅或地毯上时，可用冷水浸湿抹布擦拭，如果痕迹深，可以喷些泡沫清洁保护剂。座椅沾上了口红，可先用比较钝的小刀轻轻刮掉口红，不要将座椅布刮破，刮不掉的部分可以喷上泡沫清洁保护剂，照上述步骤清理。

（5）尿液

撒在座椅或地毯的尿液，可用温热的肥皂水浸泡抹布后擦拭尿液，然后用湿抹布来回擦几遍，再用干净布浸泡于医用氨水和冷水的混合液中（1∶5），将布覆盖在尿液处约几分钟后拿掉，用湿布擦拭干净，最后用干布擦干。

(6) 呕吐物

先用手巾纸把呕吐物擦掉，因为手巾纸有吸水的功能，在擦去呕吐物的同时也把水分吸干，随后用湿布擦几遍，接着用温热的肥皂水将抹布浸泡后清洗被沾污的座椅和地毯。这样处理后，如果气味还是很重，可用温热的苏打水（比例是1L水加1匙小苏打）擦洗沾污处，最后用湿布擦拭干净，再用干抹布擦干。

(7) 血渍

用冷水浸湿的抹布擦拭血滴，用干抹布擦干即可。注意千万不要用肥皂或热水清洗，因为血一碰到肥皂或热水就会固化，血渍就不容易除掉。也可用医用氨水在血渍部位滴几滴，等几分钟后，氨水充分渗透，用冷水浸湿的抹布把血滴擦掉，最后用干抹布擦干。

(8) 霉变

内饰件受污染未及时清洁时会导致霉变，对此进行清洁可用热肥皂水清洗霉点，然后用冷水漂洗干净，再在盐水中浸泡，最后用专用清洗剂清洗并擦干。

2. 汽车室内顽固污渍清除的注意事项

(1) 清除汽车室内顽固污渍时，要注意保护好车内装饰件和漆面，以免割裂、刮伤。

(2) 不能在车内材料上使用汽油、苯、石脑油、四氯化碳、丙酮、涂料稀释剂、松节油等有毒、有腐蚀性物质，以免造成损害。

二、汽车室内的空气净化

汽车室内的异味一直是困扰车主及乘客的重要问题，根据室内环境专家多年检测分析，新车内装饰材料中所含的有毒气体是最大的污染源，其他如汽车的内饰、空调、座椅皮套以及汽车在运行过程中所使用的燃油与润滑油的蒸气等都可能会散发出令人烦恼的异味，而其中有些如苯、二甲苯、甲醛、丙酮等物质所产生的异味还含有有毒物质。长时间处于这种环境里，有可能会导致人体的免疫力下降，严重的甚至还有可能导致产生身体疾病。

1. 汽车室内的异味来源

(1) 新车的皮革、塑料、纤维等材料制作的内饰材料及黏结剂所发出的有害气体。

(2) 车内的霉菌产生的异味。在车内因为没有及时清理的水果腐烂发霉、洒落的饮料、被淋湿的座椅、地毯等所滋生的霉菌；仪表台内部、空调蒸发器周围等阴暗潮湿的环境里，也是霉菌的集聚地；还有尾厢内久置不用的鞋子、衣服等，都会散发出难闻的异味。

(3) 烟灰缸的焦油味。这些焦油味混杂在车厢和蒸发器内，时间一长异味会变得令人更难以忍受。

(4) 机油燃油味。因发动机故障或者燃油质量差，车内因为漏机油或者燃油燃烧不充分，都会发出让人觉得不舒服的异味。

2. 汽车室内异味的日常预防方法

消除汽车室内异味的方法，最基本的就是要经常对汽车室内做彻底的清扫、整理，杜绝脏、乱、差现象，工作一般可以分为3个部分，即：清理、清洁和烘干。

(1) 清理

平时养成了及时清理的好习惯，车厢内发生异味的可能性就会大大降低。

① 对车厢内和行李箱等部位进行检查和清理，尽量不要将鞋、衣服、脏抹布等长期放在车内。

② 杂物箱、烟灰缸等要经常清洁，车厢内吸烟时要关闭空调并打开车窗。

③ 到了夏季，如果将汽车停在太阳底下，车厢内的温度将可能高达60℃左右，所以食物、水果不要长时间放在车内。

(2) 清洁

及时清洁，减少了潮湿环境，防止霉菌滋生，可消灭异味传染源。

① 车内的地毯或绒布座椅面罩等处，一旦沾有泥水、饮料或雨水时必须及时清洗干净。

② 座椅内部进水变得潮湿时，及时整个拆下来，放在太阳底下晒干后再使用。

(3) 烘干

烘干主要指利用汽车空调的制热功能，一边利用空调的循环气流冲洗空调蒸发器，一边用空调热风烘干。这样就能在不拆卸仪表台和空调系统的情况下，达到除异味的目的。用循环气流冲洗蒸发器时，必须使用空调内循环，将除臭剂喷入车厢内进风口处，也就是乘客侧搁脚处的上方，除臭剂便会随气流进入蒸发器的周围进行清洗。

三、汽车室内杀菌消毒方法

汽车室内异味的日常预防方法，是车主应该坚持做好的良好习惯，但为了保证身体的健康，对汽车室内进行杀菌消毒也是一个重要的方法，是一种"治根"方法。

1. 高温蒸汽杀菌消毒

高温蒸汽消毒俗称"高温桑拿"，是一种常见的车内消毒方法。此消毒方法是加热消毒液使其气化，并随着120℃以上的高温蒸汽通过高压喷射到车内各个部件以达到杀菌消毒的目的。

(1) 对车内进行清洗，将电子设备、脚垫杂物、食品、水等物品取出，并对CD机等电子元件进行简单的防水处理。

(2) 消毒前，将消毒液按1:4的比例稀释后，装入蒸汽机内，并盖上盖子。如图6-1-1所示。

(3) 接通电源，进行预加热。

图6-1-1　将消毒液装入蒸汽机内并盖上盖子

(4)观察温度及压力表,当温度高达130℃左右时,打开蒸汽枪开关,排出蒸汽雾管内的水分。注意,蒸汽枪口要朝向地面,以免烫伤人。如图6-1-2所示。

(5)利用高温蒸汽对车内各部件、各角落进行逐一喷射消毒。脚垫等可以在车外消毒。如图6-1-3所示。

(6)对高温蒸汽已经消毒过的地方,要及时用干净毛巾将水分擦除。如图6-1-4所示。

(7)关上车门,等待3~5min后,再打开释放雾气。如图6-1-5所示。

图6-1-2 排出雾管内的水分

图6-1-3 高温蒸汽消毒

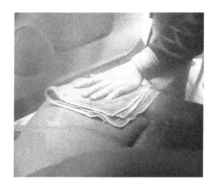

图6-1-4 及时擦除水分

(8)高温蒸汽流消毒结束后,可使用除味剂对车内地胶、座椅等部分喷洒,做去味处理。如图6-1-6所示。

图6-1-5 关闭所有车门

图6-1-6 喷洒除味剂

(9)操作结束。操作结束注意放回从车内取出的物品。

 操作注意事项提示:

① 一定要在蒸汽雾管只有雾,没有水分喷出时才能进行室内消毒;
② 蒸汽枪口距离物体10~15cm左右,并要不断移动蒸汽枪,不能停留在同一部位;
③ 在消毒时应避免接触电器部分,整个过程大约需要1h。

2. 臭氧杀菌消毒

臭氧是一种具有广泛性的高效快速杀菌剂，它能在较短的时间内破坏细菌、病毒和其他微生物的结构，使之失去生存能力。车内的座椅、顶篷、仪表台、地毯、脚垫、门板等多为皮料、塑料、橡胶、纤维等制作，长期使用后极易藏污纳垢，普通的洗车只能去除其中极少的一部分，臭氧消毒可以使细菌、病毒在车内无处可藏，全部被消灭。

（1）汽车室内彻底清洁。

（2）将消毒机臭氧管放进车内并固定好，关上车门。如图 6-1-7 所示。

图 6-1-7　将臭氧管放进车内并关上车门

（3）启动消毒机，设定时间为 5～10min，按"确定"按钮；当消毒机消毒指示灯由红色变绿色时，表示消毒结束。如图 6-1-8 所示。

（4）关闭消毒机电源开关，等待 3min；打开全部车门，取出臭氧管，释放臭氧。如图 6-1-9 所示。

图 6-1-8　启动消毒机　　　　　　　　图 6-1-9　打开全部车门

（5）操作结束。

 操作注意事项提示：

需注意的是，消毒后车厢里会留有一股淡淡的臭氧味，不过这些残存的臭氧很快就可以分解为无色无味的氧气，所以只需将车窗打开一会儿，臭氧味就会彻底消失。

3. 光触媒消毒

光触媒消毒主要是利用二氧化钛物质的特性，二氧化钛是一种光催化剂，它见光后可以产生正负电子，其中正电子与空气中的水分子结合产生具有氧化分解能力的氢氧自由基，而负电子则与空气中的氧结合成活性氧，氢氧自由基和活性氧均具有强有效杀菌能力。光触媒可通过静电设备喷涂在汽车室内，然后在汽车室内各个物体表面固化成膜，对于车内常见的甲醛、氨和苯等化合物具有分解作用，同时还可以清除车内的漂浮细菌。

（1）汽车室内清洁

为了使光触媒附着在物体表面更牢固，作用更长久，必须对车内基材表面进行清洁处理，并且确保各种基材表面没有灰尘。如图 6-1-10 所示。

（2）封闭仪器盘和空调口

用美纹胶封闭仪表盘和空调口等有可能会影响观看效果或者功能的器材，防止光触媒进入影响器材功能。如图 6-1-11 所示。

图 6-1-10　清洁表面　　　　图 6-1-11　封闭缝隙和通风口

（3）连接设备

将雾化器与专用压缩机相连，压缩机接通电源。

（4）清洗雾化器喷嘴

用专用清洗液清洗雾化器喷嘴以免堵塞。可以通过试喷方法清洗。

（5）调配光触媒

按车内空间大小选择用量，通过漏斗把光触媒稀释剂和光触媒液按比例倒进雾化器喷壶中。注意使用前将光触媒溶液摇晃均匀。如图 6-1-12 所示。

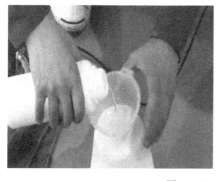 

图 6-1-12　调配光触媒

（6）安放雾化器

把光触媒雾化器平稳放置于后排中央扶手上，喷嘴朝向中控台方向，倾斜 45°，可使雾化效果达到最佳。注意雾化器底下垫一块美容毛巾,以防弄脏车内装饰物。如图 6-1-13 所示。

(7) 第一次喷雾

① 一切就绪后,打开雾化器阀门,雾化器在车内开始自动喷雾,关闭所有车门窗。如图 6-1-14 所示。

② 雾化 5min 后取出光触媒雾化器,再次关闭所有门窗,静置车辆 15min 左右。

 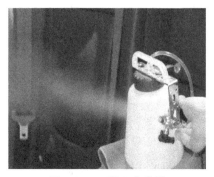

图 6-1-13　安放雾化器　　　　图 6-1-14　第一次喷雾

(8) 第二次喷雾

① 再次清洗雾化器喷嘴和装入光触媒到喷壶中,平稳放置于车中同一位置,打开阀门喷雾;开启空调内循环至最大,使光触媒吸入并附着在内循环的管道上,避免车外污染气体进入车内时堆积在空调管道内,导致空调异味的产生。关闭所有门窗。如图 6-1-15 所示。

 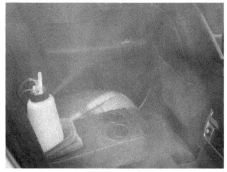

图 6-1-15　第二次喷雾

② 等光触媒雾化 2min 后关闭空调,继续光触媒雾化 20min,然后再取出光触媒雾化器。

(9) 空气触媒施工

如果车辆所在地气温较高,车内空气污染严重,可以通过进一步进行空气触媒施工,使光触媒效果得到强化。

(10) 喷雾结束

① 施工结束后把雾化器撤出车内,并封闭汽车 2h,保持车内光线。

② 用纯净水清洗喷嘴,以免光触媒固化堵塞。

（11）固化

在喷雾结束，汽车封闭阶段，车内的光触媒喷雾会慢慢附着在基材表面，并因此形成薄膜。

（12）拆封清洁

封闭完毕后对施工前封闭的仪器盘和空调口解除封闭，并对光亮基材表面进行擦拭。

（13）加强固化

开内循环半小时加强固化和附着。

（14）施工完毕。

操作注意事项提示：

① 封闭、固化是光触媒施工最关键环节。雾化后 2h 之内，施工车内必须处在完全封闭状态之中，不得擅自移动或开启车门，保证施工期后可以长时间对车内污染物起到净化的效果。

② 为保证光触媒膜体的彻底固化形成，在 2 天内禁止对车内的内饰件、座椅的表面进行清洗、用力摩擦等损伤膜体的行为。

③ 20 天后光触媒自清循环过程将形成，这期间尽量不做室内清洁。

四、汽车室内美化装饰

1. 熏香灯熏蒸

（1）准备好漏斗，将熏香灯平置于桌面上，打开镂空盖、密封盖和蕊头。如图 6-1-16 所示。

（2）将专用漏斗置于熏香灯上，再将精油慢慢灌入瓶中。如图 6-1-17 所示。

图 6-1-16　熏香灯组成

图 6-1-17　将精油灌入瓶中

（3）将蕊头之绵芯沿瓶口放入熏香灯中，并将蕊头平稳地放置于瓶口上。如图 6-1-18 所示。

（4）初次使用时，需盖上密封盖，静待 20min 以上，以利蕊头吸入精油至饱和状态。如图 6-1-19 所示。

（5）点燃蕊头，让火焰持续燃烧两分钟。如图 6-1-20 所示。

（6）将火焰吹熄或者用密封盖压灭。如图 6-1-21 所示。

图 6-1-18　将绵芯放入熏香灯　　　　图 6-1-19　浸泡绵芯

图 6-1-20　火焰燃烧　　　　图 6-1-21　用密封盖压灭火

（7）将密封盖换上镂空盖，小心地把熏香灯放稳在汽车座椅上，使整瓶精油在无火状态下，慢慢地催化释放，对汽车室内进行熏蒸。熏蒸时间 3～5min。如图 6-1-22 所示。

图 6-1-22　将密封盖换上镂空盖并放置汽车中

（8）熏蒸时间到后，先将镂空盖取下，再将密封盖紧密盖上蕊头，让熏香灯停止工作，最后将镂空盖盖上便于保存。

 操作注意事项提示：

（1）请勿饮用，远离火源，避免直接照射到热源或阳光，请勿任意放置，避免儿童拿取。

（2）灌加精油过程中，绝对要避免靠近火源，保证安全。

(3) 熏香灯在灌加精油时，以八分满为佳，如有精油溢出瓶外，请先将溢出的精油擦拭干净再点燃蕊头，以免发生危险。

(4) 催化蕊头放置于熏香灯时，请确保平稳嵌置于瓶口上，勿将绵芯露出瓶口外，以免点火时直接燃烧到绵芯，影响安全。

(5) 蕊头经点燃吹熄后，请勿直接接触蕊头以免烫伤。

(6) 催化进行中如欲将蕊头取下时，请先将密闭盖盖上，静待5～10min蕊头温度降低后，再将密闭盖拿开，取出蕊头。

(7) 熏香灯催化运作当中，务必将镂空盖盖上，避免直接碰触到蕊头时，造成手指烫伤。

(8) 熏香灯如用于汽车上时，在点燃蕊头未熄之前，请勿发动车辆或移动熏香灯，避免熏香灯翻倒或精油溢出，造成危险。

2. 车用香品的使用

车用香品对清除车内异味、杀灭细菌有一定的作用，也起到净化车内空气的作用。它还能够在狭小的车内空间营造出一种清馨的气氛，以保持驾乘人员头脑清醒和镇静，从而有利于减少行车事故的发生。

常用的香品按形态来划分主要有气雾型、液体型和固体型3种。

(1) 气雾型。气雾型车用香品主要由香精、溶剂和喷射剂组成，喷洒后可以覆盖车内某些特殊异味，比如行李箱味、烟草味、鱼腥味和小动物体味等。

(2) 液体型。液体型车用香品由香精与挥发性溶剂混合而成，盛放在各种做成一定艺术造型的容器中。它具有气味浓郁、使用便利等特点，但要注意不能放在车上，以免高温情况下可能爆炸。

(3) 固体型。固体型车用香品主要是将香精与一些材料混合，然后加压成型，常常被制成车内用品或装饰品，比如用香味织物制成的香花，用香味陶瓷制成的艺术台座等。固体型车用香品具有香味清淡、使用周期长、无需补充等特点。

操作注意事项提示：

(1) 能点缀车辆特点。选择车用香品首先要看其颜色及包装品的造型是否与汽车外观、车型、车饰等相互和谐，如香水的外形与车辆仪表台要相符。

(2) 与季节相适应。在冬夏季节，如果车内经常开空调，应选用具有较强挥发性的车用香品，以便有效地去除空调机的异味；而在冷暖适宜的春秋，可以挑选各自所喜爱的挥发性香型。

(3) 吻合车主的性别与爱好。车用香品主要是用来调节汽车室内气氛的，男女有别、人人都有个性，选用车用香品一定要吻合车主的性别与爱好，才能发挥车用香品的作用。

(4) 注意香水原料。选择香水时最好能挑选使用天然原料制成的产品，因为化学制剂或多或少可能会对人体健康造成一定的负面影响。

(5) 注意产品质量。车用香品选用时，应注意产品质量、生产日期，劣质产品和过期的车用香品不但起不到应有的作用，反而还有可能成为细菌污染源。

3. 汽车室内美化小装饰物

汽车室内小装饰物能美化环境，使驾乘人员心情舒畅。如汽车香品一样，其选用也因人而异，在此需要提醒的是务必注意安放位置：一是不能挡住驾驶员的视线，包括驾驶员向前和向后观察的视线，二是不能妨碍驾驶员的操作。否则会违反《道路交通安全法》，且可能会给车辆驾驶造成不安全因素。如图 6-1-23 所示。

妨碍驾驶操作　　　　　　　　　　　　　　挡住了往后观察的视线

图 6-1-23　汽车室内小饰物

操作技巧总结

汽车室内美容主要是对汽车室内及附着物进行清洁、保养、室内空气清新等。工作前要进行准确评估，建议或听取车主意见进行相应项目工作。操作时严格按照工序、设计时间进行，符合工序要求。室内装饰主要是对座椅套、地毯、内装饰件的更换和布置小装饰物，物件更换时要讲究尺寸、工艺、工序，布置小装饰物时要遵守交通法则，方便行驶。

第七章 汽车底盘美容装饰与操作技巧

第一节 底盘装甲

一、底盘装甲的作用

汽车底盘装甲,即底盘喷涂防护,也称"封塑"。底盘装甲形成的保护层具有防腐、防锈、防砂石撞击、防潮、耐酸雨和隔绝底盘噪声等作用。

现在的新车为了降低生产成本,许多底盘都未做底盘装甲,出厂时的底盘仅仅是涂敷了一层薄薄的防锈漆,抵抗不了汽车在行驶过程中泥沙、碎石的撞击及污水的冲刷,极易造成底盘的锈蚀,特别是沿海地区锈蚀更为严重。如图 7-1-1 所示。

图 7-1-1 新车底盘的防腐层

二、底盘装甲的施工部位

底盘喷涂防护的施工部位为底盘钢板、轮弧、翼子板内侧、油箱外壳等易生锈部件;对水箱、空调冷凝器、发动机、减振器、排气管、弹簧等部位则不能喷涂,以免影响这些部件的正常工作性能,造成行车不安全。

三、底盘装甲的操作步骤

1. 清洁底盘

(1)将汽车用举升机举至合适高度,即大概比操作人员高 0.5m,方便操作;如图 7-1-2

所示。

（2）用高压水枪冲洗汽车底盘，把底盘的砂、泥等污垢冲洗干净。如图7-1-3所示。

图7-1-2　举升汽车　　　　　　　图7-1-3　高压冲洗

（3）用抹布擦拭，用吹气枪将水吹干。如图7-1-4所示。

图7-1-4　擦干吹干

（4）使用专用去污剂把底盘附着的油污和沥青等彻底去除干净。如图7-1-5所示。

（5）使用工作灯仔细检查车身底盘和悬架等各处有无生锈。如果有生锈或伤痕，可用钢丝刷和砂纸打磨去除锈斑，保证透出金属表面，再用风枪将杂质吹去。如图7-1-6所示。

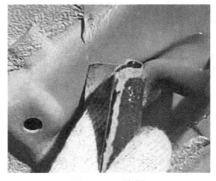

图7-1-5　除油　　　　　　　图7-1-6　除锈

2. 检查底盘

如有安全隐患告知车主先行处理。

3. 拆卸无需装甲的零部件

（1）拆除轮胎　用轮胎拆卸专用工具将汽车的轮胎拆下。拆除前先做好标记，方便后面的重新装回。如图 7-1-7 所示。

图 7-1-7　拆除汽车轮胎要先做标记

（2）拆卸各底盘保护盖　拆卸发动机、消声器和管道、轮弧等的保护罩，如图 7-1-8 所示。

(a) 消声器和管道保护罩　　　　　　(b) 发动机保护罩

(c) 轮弧保护罩

图 7-1-8　拆卸各底盘保护罩

（3）松开底盘有关管路　松开无需要装甲的管路，以利于对管路进行遮蔽保护，对底盘每个应该装甲的细节充分喷涂。如图 7-1-9 所示。

4. 遮蔽

为了防止将底盘装甲的材料喷涂到车身漆面和不能喷涂的部位，必须进行遮蔽保护，否则会影响车容和汽车的使用及安全性能。不能喷涂的部位主要有减振器、制动盘、消音器、裸露的管路、裸露的固定螺栓、翼子板等部位；遮蔽材料有美纹纸胶带、专业遮蔽纸、报纸、薄膜等。

图 7-1-9　松开无需装甲的管路,以利于遮蔽

(1) 遮蔽减振器和制动盘　减振器和制动盘不能被底盘装甲涂料喷涂到,否则将使行车存在危险,必须遮蔽。如图 7-1-10 所示。

图 7-1-10　遮蔽减振器和制动盘

(2) 遮蔽底盘部件　底盘部件需要遮蔽的有消声器、管路和裸露的固定螺栓等。如图 7-1-11 所示。

图 7-1-11　遮蔽底盘部件

(3) 遮蔽漆面部位　遮蔽漆面部位主要有翼子板、车门下部和车身上部等。如图 7-1-12 所示。

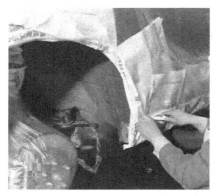

图 7-1-12　遮蔽漆面部位

5. 喷涂

（1）喷涂准备　穿戴喷涂防护服、防毒口罩、护目镜和手套等，做好个人卫生防护。把底盘装甲专用喷枪接通气源和吸管。如图 7-1-13 所示。先把底盘装甲涂料摇匀，然后把喷枪放入涂料瓶中。如图 7-1-14 所示。

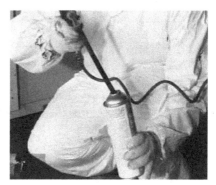

图 7-1-13　喷枪接通气源和吸管　　图 7-1-14　把喷枪放入涂料瓶

（2）喷涂　将涂料喷涂到整个底盘需要装甲的部位，比如钢板、轮弧等，手法按"之"字型摆动，脚步适度移动，保证装甲涂料喷涂均匀到位。如图 7-1-15 所示。

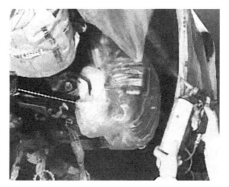

图 7-1-15　喷涂底盘装甲涂料

6. 将所有遮蔽清除

如图 7-1-16 所示。

图 7-1-16　清除遮蔽

7. 检查

对底盘进行认真细致的检查，发现没有喷涂到位的地方需要补喷。补喷时以点动喷涂手法小范围喷涂，以免产生没必要的清洁工作。

8. 安装

将所有拆卸下来的部件装回原来位置，尤其是车轮必须按照标记进行安装，以免安装错位破坏车辆行驶动平衡，造成行车不安全。

9. 操作结束

清洁车辆和场地。

操作注意事项提示：

（1）举升汽车前必须检查举升机是否完好，要确保举升机安全的情况下才能作业。
（2）底盘装甲涂料要严格按照说明书来使用，注意是否需要稀释。
（3）喷涂材料属于易燃物质，现场严禁吸烟，涂料没有完全干燥前车辆勿近火源。
（4）喷涂时，操作人员必须做好个人卫生防护工作。
（5）施工后，一般需 24h 才能自然干燥，在这期间避免涉水行驶，行车速度尽量慢些。

第二节　轮胎轮毂的清洁护理

一、轮胎清洁护理

1. 目的

使轮胎干净，并增长寿命。

2. 方法

（1）首先清洗轮胎仓，仓内如是塑料件则用大 8 字海绵配合洗车香波进行清洗，毛毯则用板刷配合洗车香波进行清洗。

（2）将轮胎打湿，把洗车香波喷洒在轮胎侧面，使用板刷进行刷洗，轮胎的外边缘需过胎面 2cm 左右，完成后用清水将轮胎冲洗干净；用毛巾配合气枪将轮胎上的水分擦干，如

图 7-2-1 所示。

图 7-2-1　清洗轮胎

（3）对轮胎进行上光护理。将轮胎上光剂喷洒在小 8 字海绵上进行轮胎的上光护理，或者直接均匀喷洒到轮胎。如图 7-2-2 所示。

图 7-2-2　轮胎上光护理

 操作注意事项提示：

（1）清洗轮胎仓，注意不要刮伤手。
（2）清洗轮胎时的泡沫呈白色则说明清洗干净。
（3）在清洗过程中请勿将手放置在车漆表面。
（4）轮胎上光一定要等轮毂清洗完成后再施工，否则会影响效果。
（5）工具使用后不要随地乱扔，请放进储物盒内。
（6）工具使用后一定要将脏物冲掉，避免干燥之后留下印迹。

二、轮毂清洁护理

1. 目的
使轮毂干净，并增长寿命。
2. 方法
（1）将轮胎轮毂清洁剂喷洒在轮毂上，然后使用轮毂清洁专用刷进行刷洗，螺丝孔或刹车盘下部可用多功能小毛刷清洗，轮毂内侧可用毛巾擦洗。如图7-2-3所示。

（2）擦拭后用清水冲洗干净。

（3）用毛巾配合气枪将轮毂上的水分擦干，完成施工。

图7-2-3　轮毂清洁护理

操作注意事项提示：

（1）在清洗过程中请勿将手放置在车漆表面。

（2）清洗过程中有铁粉去除不掉的属正常现象，如果客户需要，建议做专业轮毂清洁。

（3）工具使用后不要随地乱扔，请放进储物盒内。

（4）工具使用后一定要将脏物冲掉，避免干燥之后留下印迹。

操作技巧总结

　　汽车底盘美容装饰技巧，主要是遮蔽严实，喷涂到位，喷涂均匀，讲究步骤顺序，避免重复。

第八章 汽车修复性美容与操作技巧

第一节 车身漆面划痕修复

一、汽车漆面划痕产生的原因

1. 运动擦伤

汽车在行驶过程中，难免与路边树枝或其他植物刮擦，受到"飞沙走石"的撞击产生划痕。

2. 交通事故碰撞

在交通事故中，漆面划痕必定随着碰撞的刮擦、撞击而产生。

3. 人为产生

在小区里、马路上，经常看到一些车辆被人有意、无意的在漆面上划出深浅不一的划痕。

4. 施工不当产生

在洗车、研磨、抛光和喷涂施工中，操作不当或者材料选择错误也会在漆面产生划痕。如由于选择的打磨砂纸或打磨盘粒度较大，打磨用力较重或打磨失手等情况造成的划痕。

二、车身漆面划痕的类型

汽车漆面涂层一般有三层，即透明层（清漆层）、色彩层（色漆层）、底漆层（包括电解漆层和中涂底漆层），使用后产生氧化层。这些涂层受到损伤，会对车身钢板产生不同的影响。各种涂层构成如图 8-1-1 所示。

 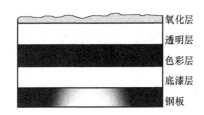

图 8-1-1　各种涂层构成

根据损伤轻重情况，车身漆面划痕可以分为以下 4 种。

1. 微度划痕

微度划痕也叫发丝划痕。主要是在洗车、擦车或轻微摩擦而产生的细划痕，肉眼看得见，但用手触摸不出，其未穿透透明漆层。如图 8-1-2 所示。

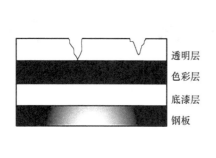

图 8-1-2　微度划痕

2. 中度划痕

中度划痕已损伤到色彩层，但未露出底漆层。如图 8-1-3 所示。

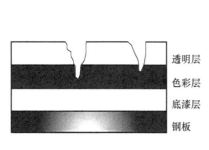
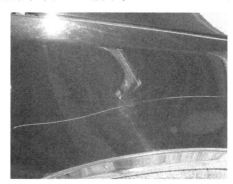

图 8-1-3　中度划痕

3. 深度划痕

指已经损伤到中涂底漆层，但没损伤到保护钢板的最后一层涂层——电解漆层，还未见金属的严重划痕。如图 8-1-4 所示。

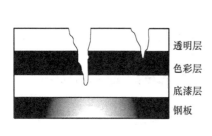

图 8-1-4　深度划痕

4. 创伤划痕

金属受到严重伤害，甚至已经发生锈蚀的划痕。如图 8-1-5 所示。

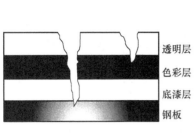
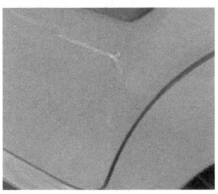

图 8-1-5　创伤划痕

三、划痕的修复方法

在漆面产生的四种划痕损伤中，汽车美容业一般只会对微度划痕和中度划痕进行修复。而深度划痕和创伤划痕，是汽车因碰撞、刮擦等原因造成车身局部损坏、板面变形、破裂等损伤，涂层严重损坏，已经伤及底漆层甚至金属板件，修复时要先清除损伤钣件的旧漆层，再经过钣金修复达到与原来的形状尺寸和轮廓等要求，最后通过重新喷漆来解决。

（一）微度划痕的修复

1. 车身清洁

使用脱蜡清洗剂对车身上有划痕部位进行清洗，并擦干。

2. 打磨

根据划痕的大小和深度，选用适当的打磨材料，如 1500～2000 号水砂纸、机械打磨片等对有划痕漆面的表面层进行打磨。注意不能磨穿漆面层，以免增加工作量。如图 8-1-6 所示。

图 8-1-6　用水砂纸打磨

3. 抛光还原

将还原剂均匀涂抹于漆面，然后手工抛光或用抛光机以 1500～2500r/min 速度进行抛光至漆面层与原来的涂层颜色完全一致为止。如图 8-1-7 所示。

4. 打蜡上光

对修复部位进行上蜡上光，注意清理细节处的残蜡。将汽车整个表面同时抛光打蜡一遍，效果更好。如图 8-1-8 所示。

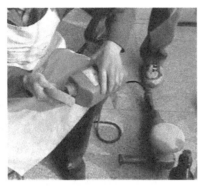

图 8-1-7　抛光还原

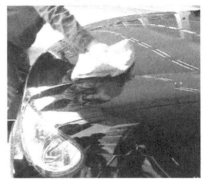

图 8-1-8　打蜡上光

图 8-1-9　损伤评估

5. 质量检查

工作结束后,要对修补表面外观质量进行检查,检查的重点是涂层的色泽必须与原漆面完全一样,若有差异说明表面清理和打蜡抛光没有完全按照要求操作,必要时应进行返工。

(二) 中度划痕的修理

1. 损伤评估

检查底层涂漆是否附着完好。如图 8-1-9 所示。

2. 清洁

对损伤位置进行清洁,先对损伤位置清洗,如果划痕较深,可用牙签等清理深处污物。如图 8-1-10 所示。

图 8-1-10　清洁

3. 除油除尘

用除油剂去除打磨表面的油污、石蜡及其他异物，并用烘干设备使清洗表面干燥。

4. 遮盖

对损伤部位外围进行遮盖，确保打磨时不伤及损伤部位旁边的漆面。如图 8-1-11 所示。

5. 补漆

按照车身漆面颜色进行调漆，然后用毛笔涂抹在划痕上，适当多涂几次，使补漆高于旁边漆面，方便打磨。也可用与车身吻合的补漆笔进行补漆，效率更高。如图 8-1-12 所示。

图 8-1-11 遮盖

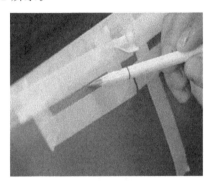 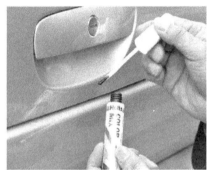

图 8-1-12 补漆

图 8-1-13 打磨

6. 打磨

待修补漆干燥后，利用 1000 号水砂纸对损伤部分进行打磨，使之平整、光滑。注意，打磨后要清洁干净。如图 8-1-13 所示。

7. 研磨抛光

先在修复处涂上抛光剂，然后进行手工或机械研磨抛光。注意，抛光后要清洁干净修复处，并干燥。如图 8-1-14 所示。

8. 喷涂清漆

在已经抛光研磨的修复处喷上透明的清漆。如图 8-1-15 所示。

图 8-1-14 研磨抛光

9. 打蜡上光

待清漆干燥后，进行打蜡上光。如图 8-1-16 所示。

图 8-1-15 喷涂清漆

图 8-1-16 打蜡上光

10. 作业完成

第二节 挡风玻璃的修复

由于汽车在高速行驶中受到小砂石的撞击，或者其他原因，汽车挡风玻璃受到破坏，如果破坏只是轻微的损伤，可以通过修复工具灌注专用树脂进行修复。

一、挡风玻璃修复工具

1. 挡风玻璃修复工具组成

挡风玻璃修复工具为套装产品，主要包括冲孔探针、电钻、钻头、支架、紫外线固化灯、真空泵和专用树脂等，如图 8-2-1 所示。

2. 挡风玻璃修复工具功能

挡风玻璃修复工具可以修复挡风玻璃的牛眼形点状损伤、星形裂纹、综合点状裂纹和长条形裂纹。如图 8-2-2 所示。

二、挡风玻璃修复方法和步骤

1. 工作准备

（1）拆开修复工具真空泵，按照使用说明对真空泵活塞杆的大、小活塞密封圈加以润滑。如图 8-2-3 所示。

（2）把活塞杆安装到真空泵缸体内，先来回拉动几下帮助润滑，再旋紧固定螺丝固定活塞杆。注意活塞杆不能压到底，应有合适空间容纳修复树脂。如图 8-2-4 所示。

（3）从真空泵树脂压注口向泵内滴入几滴树脂，并盖上压注口密封圈。如图 8-2-5 所示。

（4）松开活塞杆固定螺丝，轻轻推动活塞杆，使修复树脂到达压注口位置。注意小心操作，不要让树脂溢出压注口。如图 8-2-6 所示。

第八章　汽车修复性美容与操作技巧

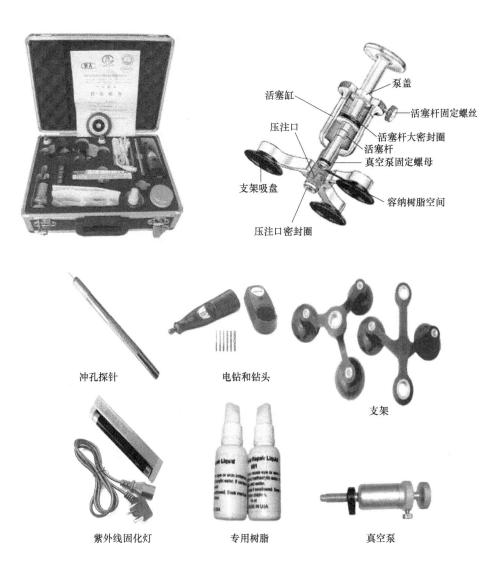

图 8-2-1　挡风玻璃修复工具

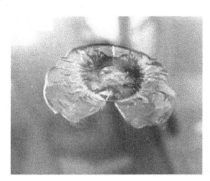

(a) 牛眼形点状损伤

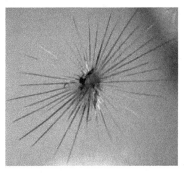

(b) 星形裂纹

图 8-2-2

175

(c) 综合点状裂纹

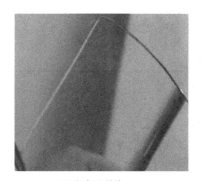
(d) 长条形裂纹

图 8-2-2　可修复玻璃损伤类型

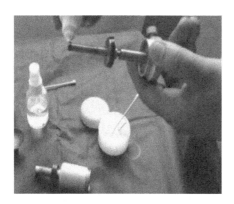
图 8-2-3　润滑活塞密封圈

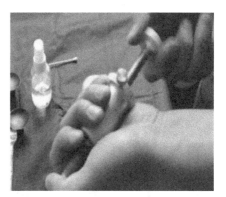
图 8-2-4　拉动帮助润滑

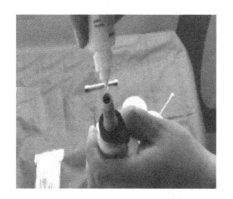
图 8-2-5　往真空泵滴入树脂

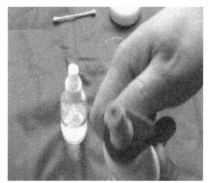
图 8-2-6　使树脂到达压注口

（5）准备好辅助操作用的透明薄膜片。如图 8-2-7 所示。

2. 遮蔽

在汽车挡风玻璃下，发动机盖后端用美容大毛巾覆盖，防止操作时伤及漆面。如图 8-2-8 所示。

图 8-2-7　透明薄膜片　　　　　　　　图 8-2-8　遮蔽

3. 初次清洁玻璃损伤位置

用专用的玻璃清洁剂清洗损伤位置，清理碎玻璃。

4. 钻孔

（1）对于牛眼形点状损伤，不用钻孔。

（2）对于星形裂纹，用专用的电钻在爆炸点处钻孔。注意钻孔深度，不能钻到夹胶层。如图 8-2-9 所示。

（3）对于长条形裂纹损伤，用专用的电钻在裂纹末端处钻孔，防止裂纹扩展。注意，钻孔前要检查和确定裂缝末端位置；不能钻到夹胶层；要垂直钻，车辆不能摇晃，以免折断钻头；不能长时间钻孔，避免钻头过热；把止裂孔加工成牛眼点状，长条形裂纹损伤修复效果更好。如图 8-2-10 所示。

 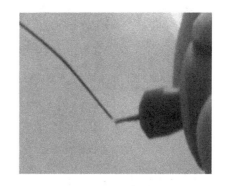

图 8-2-9　星形裂纹钻修复孔　　　　　图 8-2-10　长条形裂纹钻止裂孔

5. 再次清洁玻璃损伤位置

清洗钻孔处及其位置周围，去除玻璃粉末，并用吹风机吹干。注意清洁范围要比支架固定位置大。

6. 安装修复工具

（1）在挡风玻璃外固定好专用的支架。

① 对于星形裂纹和牛眼形点状损伤，支架中心对准损伤点位置，吸盘可以适当加点水，

增强其吸力。如图 8-2-11 所示。

② 对于长条形裂纹损伤，支架中心对准裂纹末端已经钻好的止裂孔，吸盘要先涂上润滑油，方便操作时移动。如图 8-2-12 所示。

图 8-2-11　安装支架

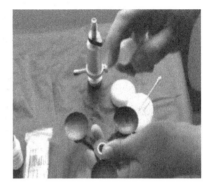

图 8-2-12　吸盘涂上润滑油

（2）把真空泵旋进支架中间的螺栓孔，在真空泵树脂压注口的密封圈接触到玻璃损伤点时，要注意不能继续旋入太多，只需再旋 90°即可，否则会使损伤加重；旋紧真空泵固定螺母将其固定在挡风玻璃上。如图 8-2-13 所示。

7. 抽真空

（1）对于星形裂纹和牛眼形点状损伤，固定好真空泵后，松开活塞杆固定螺丝，施加合适拉力小心拉出活塞杆，便可把损伤点和裂纹的空气抽出，损伤位置形成真空。抽真空时间约 3~6min。如图 8-2-14 所示。

图 8-2-13　安装并固定真空泵

图 8-2-14　抽真空

（2）对于长条形裂纹，不用抽真空。

8. 压注修复树脂

（1）松开活塞杆固定螺丝，小心地使活塞杆复位并自动进行加压，向挡风玻璃夹层内注射修复树脂。如图 8-2-15 所示。

（2）对于长条裂纹压注树脂时，要从止裂孔开始，边压注边沿裂纹推动支架，且要使真空泵压注口始终对准裂纹中间，可以在车内用手指顶住压注口位置，使裂纹稍为扩张，加快树脂流动。如图 8-2-16 所示。

图 8-2-15 压注修复树脂

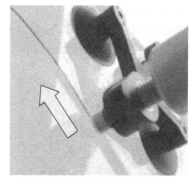
图 8-2-16 长条裂纹压注树脂

（3）仔细观察玻璃损伤处，同时使用辅助工具加快树脂的流动，当修复树脂填满爆炸点和所有裂纹的缝隙时，立即拧紧螺丝固定活塞杆停止压注。借助反光镜和手电筒，更加方便观察。如图 8-2-17 所示。

图 8-2-17 观察玻璃损伤处及时停止压注树脂

（4）取下支架和真空泵。可先用刀片小心撬开吸盘再取下。如图 8-2-18 所示。

（5）用准备好的透明薄膜托住流下的树脂并把它平盖在损伤点位置上，透明薄膜中如有气泡必须挤出。注意，长条裂纹透明薄膜要边压注树脂边覆盖，直至覆盖完整个裂纹。如图 8-2-19 所示。

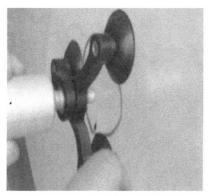
图 8-2-18 取下支架和真空泵

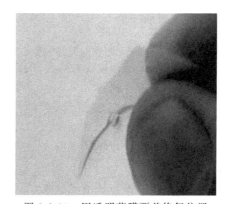
图 8-2-19 用透明薄膜覆盖修复位置

9. 固化

用紫外线固化灯，对准覆盖薄膜部位进行照射 1～3min 即可。如图 8-2-20 所示。

10. 清洁

先把透明薄膜撕开,用刀片把玻璃上多余树脂刮去或铲去,注意用力方向,不能向下划,以免造成刮痕;再用软毛巾擦干净。如图 8-2-21 所示。

图 8-2-20　用紫外线灯固化

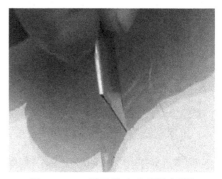

图 8-2-21　用刀片小心刮除树脂

11. 抛光

在修复位置放上抛光剂,然后用美容毛巾反复擦拭。如图 8-2-22 所示。

12. 检查

用冲针小心挤压修复的裂纹,如果裂纹没有开裂,只显示轻微痕迹,说明修复完成。如图 8-2-23 所示。

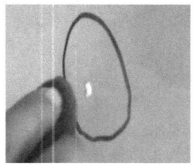

图 8-2-22　抛光

图 8-2-23　检查修复效果

13. 操作结束

操作结束后,清洁场地。

　　操作注意事项提示:

(1) 损伤点位置至少距离边缘 6cm,修复才能有较好的强度保证。

(2) 修补裂纹不能超过 20cm,损伤点直径不能大于 25mm。因为修复后的安全系数没有原来的高。

(3) 在驾驶员正常行驶视线范围内,损伤点不能大于 10mm,否则修复后对行车存在安全隐患。

(4) 玻璃损伤一般应在两周内修复,损伤后立即修复效果更好;超过时间后,损伤有所扩大,灰尘进入破裂部分,可能导致修复后有细微的痕迹。

(5) 在汽车玻璃修复前,将汽车玻璃的污垢彻底清除。

(6) 玻璃修复后,两天内不可以洗车并尽量行驶在平坦的路面。

第三节 塑料件的修复

塑料件种类不同,修复方法也不同。热固性塑料只能用各种胶黏剂通过粘合方法修理,热塑性塑料不仅能采用胶黏剂粘合修复,也可以采用加热矫正方法和和焊接方法修复。在此主要介绍热塑性塑料修复的加热矫正方法和焊接方法。

一、加热矫正修复方法

加热矫正方法,适用于热塑性塑料损伤面积较大,且没有断裂,也没有被折裂和刺穿的情况,以前保险杠损伤为例,如图 8-3-1 所示。

(1)准备工作。准备热风机、木棍、抹布、工作手套、修补漆等工具和用品;至少两人合作。

(2)清洁损伤位置。用抹布把损伤区域擦干净。如图 8-3-2 所示。

图 8-3-1 损伤位置

图 8-3-2 清洁损伤位置

(3)用热风机对损伤位置加热,并用手感觉加热程度。注意不停移动热风机,使加热均匀。如图 8-3-3 所示。

(4)在加热到损伤区域即将变软时,合作者用手从保险杠里面用力往外推,使大面积变形变小。注意,手必须穿戴手套,以免被灼伤;手推不到时,可利用木棍。如图 8-3-4 所示。

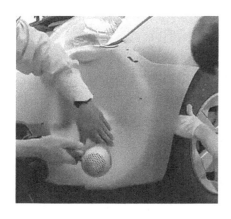

图 8-3-3 对损伤位置加热

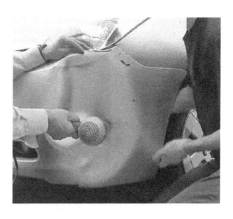

图 8-3-4 边加热边矫正

(5)在大面积变形有所恢复时,对变形区域的突起位置重点加热。因突起位置应力较大,最好增加一个热风机。如图8-3-5所示。

(6)合作者伸手到保险杠里,主要在加热位置附近往外推保险杠。如图8-3-6所示。

图8-3-5 加热应力较大位置

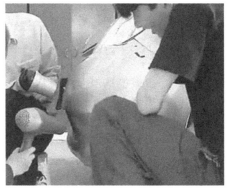

图8-3-6 继续矫正

(7)在形状恢复后,对保险杠上的小擦痕用修补漆进行修复。如图8-3-7所示。

(8)经过打磨、抛光、上蜡后,保险杠得以修复。如图8-3-8所示。

图8-3-7 修复小擦痕

图8-3-8 修复效果

二、焊接修复方法

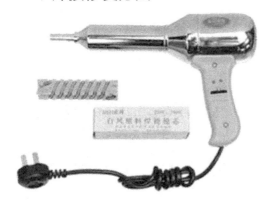

图8-3-9 塑料热风枪

热塑性塑料的焊接修复设备,在汽车维修方面主要有塑料热风枪、多功能塑料补钉机和保险杠修复套装等。

1. 塑料热风枪修复

塑料热风枪如图8-3-9所示。

(1)清洁。把保险杠损伤位置清洁干净。如图8-3-10所示。

(2)开坡口。用砂轮机打磨损伤裂缝,并在裂缝两侧打磨斜口形成坡口,宽度6mm左右。如图8-3-11所示。

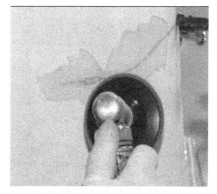

图 8-3-10　清洁　　　　　　　　　图 8-3-11　开坡口

（3）焊接。用热风枪吹熔保险杠坡口处塑料，并用塑料焊条填补裂缝。如图 8-3-12 所示。

（4）打磨焊缝。用砂轮机把焊缝磨平。如图 8-3-13 所示。

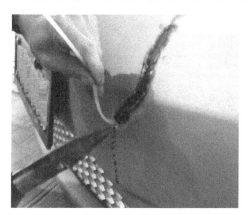

图 8-3-12　焊接　　　　　　　　　图 8-3-13　打磨

（5）整平。把原子灰刮到修理位置上，干燥后磨平。如图 8-3-14 所示。

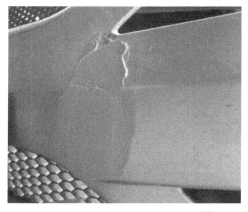

图 8-3-14　磨平

（6）喷涂。喷涂前要对不需喷漆部位遮蔽好。如图 8-3-15 所示。

（7）抛光、打蜡。

（8）安装。把修复好的保险杠安装到汽车上。注意，安装时要调节好保险杠与相关部件的配合间隙。如图 8-3-16 所示。

图 8-3-15　遮蔽喷涂

图 8-3-16　修复效果

2. 保险杠修复套装修复

以穿孔损伤修复为例。

（1）工位准备。

① 工具设备准备：保险杠修复套装（包括电烙铁焊枪、单动打磨机、气动钻、剪刀、钢丝刷等）、双动打磨机、刮刀、砂纸、吹气枪。保险杠修复套装如图 8-3-17 所示。

② 材料准备：塑料焊条、不锈钢丝网、原子灰、砂纸、除油剂、抹布等。

③ 劳保用品准备：口罩、手套等。

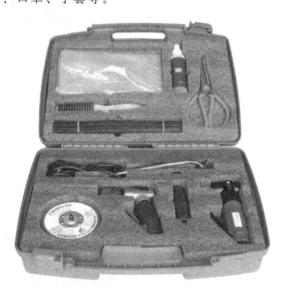

图 8-3-17　保险杠修复套装

（2）打磨。按照损伤情况适当打磨，把修复区域的漆面处理干净。如图 8-3-18 所示。

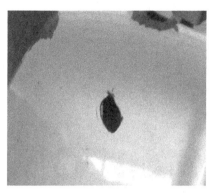

图 8-3-18 打磨

(3) 剪切不锈钢丝网。按照损伤区域大小剪切不锈钢丝网,注意要比损伤孔适当大一些。如图 8-3-19 所示。

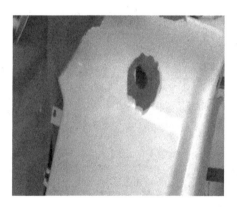
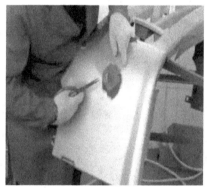

图 8-3-19 剪切不锈钢丝网

(4) 压嵌钢丝网。把钢丝网放置在损伤处,注意覆盖完整个损伤孔;施加适当压力,用已经加热稳定的专用修复电烙铁把不锈钢丝网压进保险杠塑料中。可用剪刀或者其他工具辅助,提高效率,也避免灼伤手。如图 8-3-20 所示。

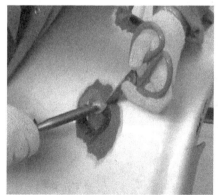

图 8-3-20 压嵌钢丝网

(5) 打磨毛刺。待工件修复区域完全冷却后,用单动打磨机把初步压嵌到塑料中的不锈钢丝网的毛刺打磨干净。注意在修复工作中可用气吹枪快速冷却工件。如图 8-3-21 所示。

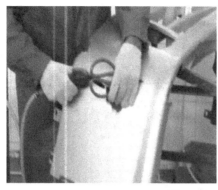

图 8-3-21 打磨毛刺

(6) 清洁。用气吹枪把打磨时产生的灰尘吹干净。如图 8-3-22 所示。

(7) 除油。把除油剂喷洒在修复区域,然后用吹气枪快速干燥。如图 8-3-23 所示。

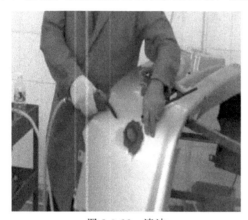
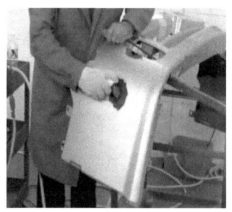

图 8-3-22 清洁　　　　　　　　　　图 8-3-23 除油

(8) 填平。

① 沿不锈钢丝网面,用烙铁把塑料焊条填平整个损伤孔正面,并且与相连接位置塑料铺平。如图 8-3-24 所示。

② 沿不锈钢丝网面,用烙铁把塑料焊条填平整个损伤孔背面,并且与相连接位置塑料铺平。注意:不能使保险杠厚度变薄了;也可视情况,背面不进行填补。如图 8-3-25 所示。

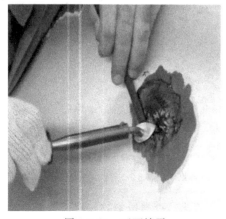
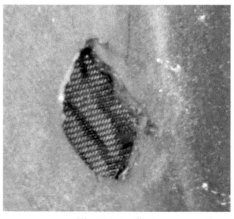

图 8-3-24 正面填平　　　　　　　　图 8-3-25 背面

（9）粗磨和精磨。先用单动打磨机粗磨，再用双动打磨机精磨。注意：按照粗磨、精磨的要求选择相应砂纸。如图 8-3-26 所示。

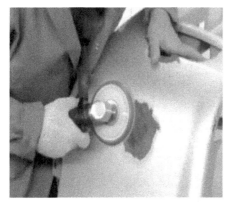 

图 8-3-26　粗磨和精磨

（10）检查和进一步修复。经过精磨后，检查修复程度。如果出现不平、钢丝还有暴露现象，还要进一步修复。先用钢丝刷把烙铁压掌清理干净，再在已经打磨过的修复面上进行压实压平，直到无钢丝暴露现象。如图 8-3-27 所示。

 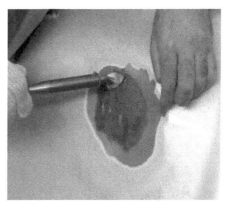

图 8-3-27　检查并进一步修复

（11）精磨。用双动打磨机进行精磨。注意，任何时候打磨都要等待修复区域完全冷却后才能进行，可用吹气枪快速冷却。如图 8-3-28 所示。

图 8-3-28　精磨

（12）再次除油。先用吹气枪吹干净打磨产生的灰尘，再在精磨位置喷洒除油剂，并用吹气枪加速干燥。如图 8-3-29 所示。

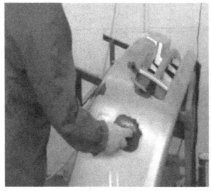

图 8-3-29　再次除油

（13）刮原子灰。按照比例调配原子灰，并涂抹在保险杠修复位置。如图 8-3-30 所示。

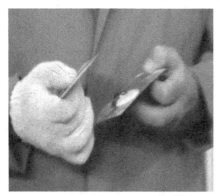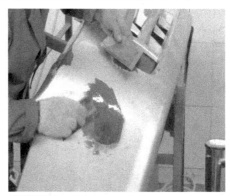

图 8-3-30　刮原子灰

（14）打磨原子灰，喷色漆，喷清漆，抛光打蜡。注意要按照各工艺要求规范操作。

（15）修复结束。

三、硬质塑料纹理修复方法

1. 工具和材料准备

准备美工刀等工具，准备塑料修复胶、固化剂、专用清洁剂、塑料纹理剂、各种水砂纸等材料。

2. 硬质塑料纹理修复操作

（1）判断损伤情况。通常剐蹭的小凹陷易于修复。如图 8-3-31 所示。

（2）打磨损伤处，并清洁干净。

（3）涂适量修复胶到损伤处。如图 8-3-32 所示。

（4）喷固化剂，并用专用清洁剂清洁。如图 8-3-33 所示。

（5）清洁修复处。如图 8-3-34 所示。

（6）打磨。打磨修复处，如图 8-3-35 所示。

（7）再次涂上修复胶，用美工刀刮去多余部分，喷上固化剂。根据情况重复填胶和打磨，直到平整。如图 8-3-36 所示。

第八章 汽车修复性美容与操作技巧

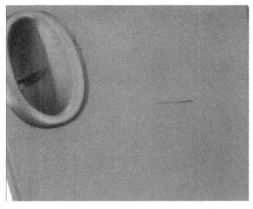

图 8-3-31 判断损伤情况

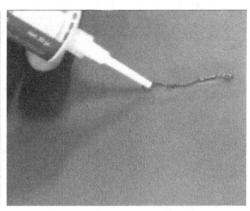

图 8-3-32 涂修复胶

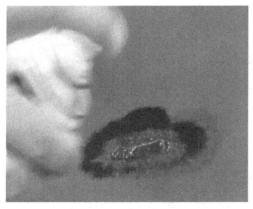

图 8-3-33 喷固化剂

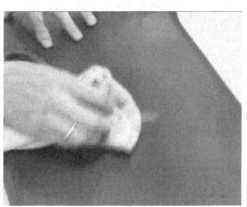

图 8-3-34 清洁

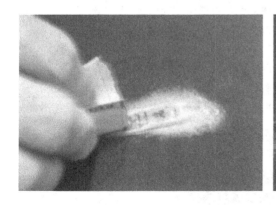

图 8-3-35 打磨

（8）打磨和清洁。打磨后，用专用清洁剂清洁。如图 8-3-37 所示。
（9）喷塑料纹理材料，干燥后完成操作。如图 8-3-38 所示。
（10）效果如图 8-3-39 所示。

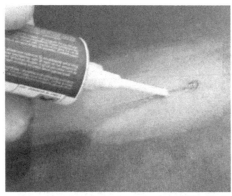 

图 8-3-36　再次涂上修复胶

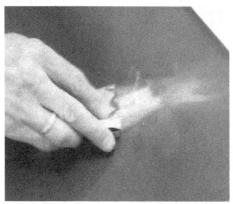 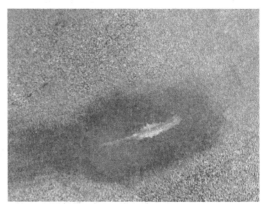

图 8-3-37　打磨和清洁

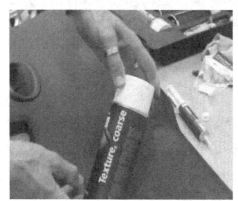 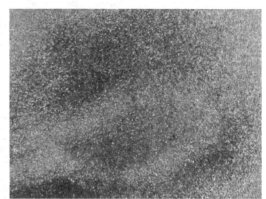

图 8-3-38　喷塑料纹理材料

图 8-3-39　效果图

操作注意事项提示：

(1) 焊条必须与基底材料兼容。需要测试时，应在损坏部位的隐蔽处进行。
(2) 不能在潮湿区域使用塑料焊机，以免触电。
(3) 塑料件喷涂时，需在底漆中加入柔软剂，保证涂层柔软不产生开裂的现象。
(4) 塑料修复时，操作者应佩戴必要的劳保用品，防止焊接烟尘影响身体健康。
(5) 塑料焊接时，注意不要碰到焊枪，以免灼伤。
(6) 皮肤不能接触填塑料填补胶，以免损伤皮肤。

第四节　皮革修复

一、工具和材料准备

(1) 准备打胶枪、裁纸刀、美工刀、电热铁、专用砂包等工具，如图 8-4-1 所示。

　　打胶枪　　　　　　　电热铁　　　　　　　美工刀　　　　　　专用砂包

图 8-4-1　皮革修复工具

(2) 准备上漆前准备剂、补伤膏、纹理复制胶等材料。如图 8-4-2 所示。

　　上漆前准备剂　　　　　　补伤膏　　　　　　纹理复制胶

图 8-4-2　皮革修复材料

二、修复操作步骤

(1) 检查皮革的损伤情况，判断损伤区域是否能修复好。如图 8-4-3 所示。
(2) 用裁纸刀将损伤区域内破损的皮革毛边修整，并做成 V 口，增加接触面积，如图 8-4-4 所示。

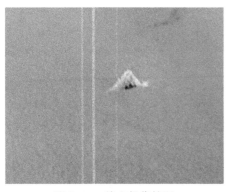　　　　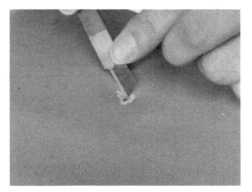

图 8-4-3　检查损伤情况　　　　图 8-4-4　修整损伤处

 操作注意事项提示：

　　如果皮革里面空间填充物较松软，应该用干净棉纱布先填实，以免补伤膏塌陷挂不住浪费。如图 8-4-5 所示。

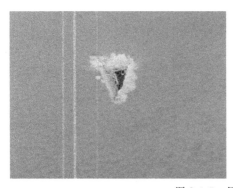　　　　

图 8-4-5　用纱布填实

（3）把清洁剂喷适量在清洁布上，清洁损伤区域表面，在其周边没有损伤的区域也清洁出一处以备制作皮革纹路用。如图 8-4-6 所示。

　　　　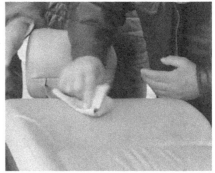

图 8-4-6　清洁

（4）制作皮革纹路。在没有损坏已经清洁干净的区域，用胶枪将纹理复制胶挤出少量。

用美工刀均匀地将纹理复制胶抹平,尽量自然干燥,厚度控制在1mm。如图8-4-7所示。

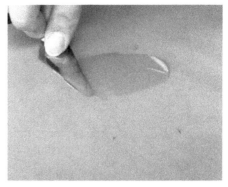

图8-4-7 复制皮革纹路

(5) 填补补伤膏。用美工刀将补伤膏一步步的填入破损洞内,直至填平。如图8-4-8所示。

 操作注意事项提示:

补伤膏填补不得高于修复表面。

(6) 将损伤区域周围多余的补伤膏尽量刮干净,以免加热后会覆盖纹路,影响修复效果。如图8-4-9所示。

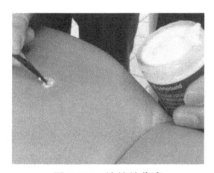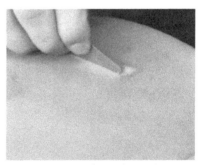

图8-4-8 填补补伤膏　　图8-4-9 刮干净多余补伤膏

(7) 制作纹路。将复制好的纹路模具小心取下,覆盖损伤点位置(纹路在下面),并将其固定。如图8-4-10所示。

 操作注意事项提示:

复制好的纹路必须按照纹路同样方向放至在破损区域,以免纹路错乱影响修复效果。

(8) 将电热铁调至150℃,反复轻轻烫压损伤区域3次,时间每次10s(根据损坏面积大小,填胶量的厚度可稍作调整)。如图8-4-11所示。

(9) 纹路定型。在最后一次烫压纹路、固化补伤膏后,用冷却包冷却该区域。如图8-4-12所示。

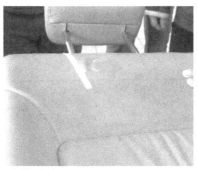

图 8-4-10　制作纹路

图 8-4-11　烫压纹路　　　　图 8-4-12　纹路定型

（10）检查纹路效果。轻轻掀开纹路模具，查看修复效果。如果发现补伤膏没有填满，可再重复以上操作，如果补伤膏覆盖面积超过修复面积太多，可小心地用刀片刮去多余部分，并清洁干净。如图 8-4-13 所示。

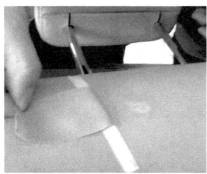

图 8-4-13　检查纹路效果

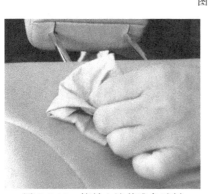

图 8-4-14　擦拭上漆前准备试剂

（11）上漆。

① 用比色卡选择出正确的颜色编号，如有相应编号手喷漆可直接喷涂。如果没有则需要根据相应的涂料配方，借助电子秤、量杯等工具调配出与修复件颜色吻合的颜色才能喷涂。

② 将需要喷涂的区域用上漆前准备试剂轻轻擦拭一遍，在未干燥情况下进行喷漆处理。如图 8-4-14 所示。

（12）用手喷漆或喷笔在修复区域进行上漆处理，

让各漆层之间固化 5~10min，如需光泽度处理，可使用光泽度漆最后处理漆面，至少固化 1~2h。如图 8-4-15 所示。

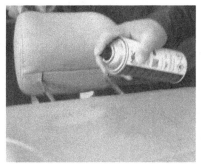 

图 8-4-15　上漆

（13）修复前修复后效果，如图 8-4-16 所示。

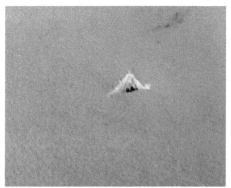 

图 8-4-16　修复前修复后效果对比

第五节　轮毂修复

轮毂修复只针对铝合金轮毂划伤、磨损、边缘缺口的微小损伤情况进行，轮毂出现严重变形、长条裂纹等损伤情况只能更换，建议不要修复。

一、工具和材料准备

准备打磨机、抛光头、美工刀等工具；准备专用清洁剂、遮蔽纸、各种水砂纸、轮毂修复胶、固化剂、底漆、轮毂修复专用腻子、抛光蜡、色漆、清漆等材料。

二、轮毂修复操作方法

1. 观察损伤情况，确定修复方式

如图 8-5-1 所示。

2. 打磨和填充

根据损伤情况，选用合适粗糙度的水磨砂纸进行打磨和填充凹陷。

（1）用 240 号的水磨砂纸，水磨损伤表面，将剐蹭产生的毛刺打磨掉即可。如图 8-5-2 所示。

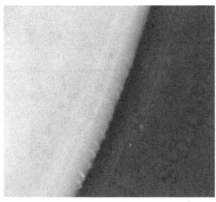
图 8-5-1 观察

图 8-5-2 打磨

（2）用专用的清洁剂清洁打磨区域，为填胶做准备。如图 8-5-3 所示。

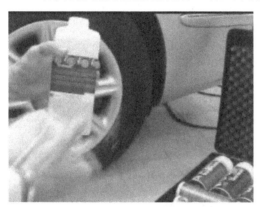

图 8-5-3 清洁

（3）涂适量轮毂修复胶于损伤处，并用美工刀刮平。注意，小心操作，切勿用手触碰胶水，以防损伤皮肤。如图 8-5-4 所示。

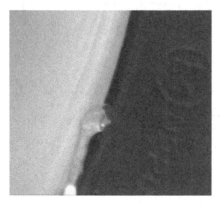
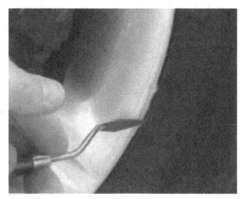

图 8-5-4 涂修复胶

（4）用固化剂喷涂在补胶表面，大概 15s 轮毂修复胶即可固化。如图 8-5-5 所示。

（5）用 240 号水磨砂纸打磨修复区域，打磨结束后，用专用清洁剂清洁修复区域表面。重复此补胶固化的过程，直到大致形状，高度都已经接近原轮毂为止。

图 8-5-5 喷固化剂

（6）更换 400 号水磨砂纸继续打磨，打磨完毕后用专用清洁剂清洁修复区域表面。

（7）用 1200 号砂纸打磨修复区域，并用专用的清洁剂清洁。如凹陷用修复胶难以填平，需要刮涂原子灰（腻子）来修复。不用刮涂原子灰（腻子）来修复，则直接进行上漆准备。

① 取适量原子灰于调灰板上，根据原子灰的质量取 3%～4% 的固化剂并进行充分混合。

② 将混合好的原子灰刮涂到轮毂修复区域上。

③ 用 1200 号砂纸打磨固化后的区域并清洁该区域。

3. 遮蔽

将修复区域旁边轮胎遮蔽，为喷漆做准备。如图 8-5-6 所示。

4. 喷底漆

在确保修复区域干净且干燥后，喷涂底漆 2～3 层，直到表面平顺，各层固化时间 5～10min。

图 8-5-6 遮蔽

5. 喷色漆

底漆打磨完毕后，用比色卡选择出最接近原轮毂的颜色，喷涂面漆 2～3 层直到表面平顺且完全覆盖为止。如图 8-5-7 所示。

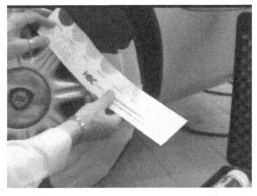

图 8-5-7 喷色漆

6. 喷清漆

根据需要喷上清漆,增加光泽。

7. 抛光

如有必要,可以进行抛光打蜡,增强效果。

8. 清洁

拆除遮蔽,清洁轮毂、轮胎。如图 8-5-8 所示。

图 8-5-8　清洁

第六节　汽车大灯翻新修复

汽车大灯经过长久使用,灯罩会出现划痕、氧化、发黄、龟裂腐蚀、模糊等现象,这会严重影响行车安全,但这些现象是可以修复的。因为现在绝大部分车头灯都在使用 PC 塑料材质的灯罩。

一、工具和材料准备

准备打磨机、喷枪等工具,准备各种砂纸等材料。如图 8-6-1 所示。

图 8-6-1　工具和材料准备

二、汽车大灯翻新修复操作

1. 根据大灯的划痕损伤情况,选择合适型号的砂纸进行打磨

在此以深划痕损伤为例介绍。

（1）用240号砂纸进行前期粗打磨。磨掉不整齐的毛刺，将原始的保护膜打磨掉。

（2）选择320～400号砂纸进行打磨。

用240～400号砂纸打磨属于粗磨，可用打磨机打磨，但要注意，打磨期间不得在一个地方停留过长时间，且气压、转速要适宜。如图8-6-2所示。

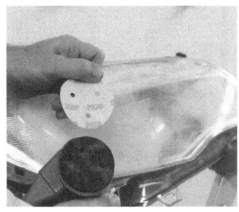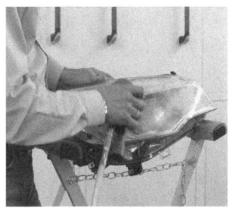

图8-6-2　打磨机打磨

（3）用600号专用砂布手工打磨大灯表面，注意边角部位。

（4）用800号的专用砂布手工打磨大灯表面。

（5）用1500号的专用砂布最后手工打磨大灯表面。如图8-6-3所示。

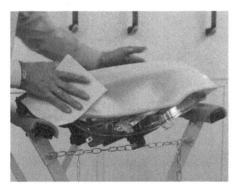

图8-6-3　手工打磨及效果

2. **清洁**

对灯罩及大灯进行清洁。

3. **遮蔽**

对大灯灯罩旁边部位进行遮蔽，以免喷涂灯罩修复液时被喷到。如图8-6-4所示。

4. **调配灯罩修复漆液**

按照使用说明，对清漆、稀释剂和固化剂进行称重和充分搅拌均匀。如图8-6-5所示。

5. **喷涂**

将配比好的大灯修复漆液倒入喷枪中，均匀喷涂在大灯表面两次（间隔30s），漆膜厚度30～

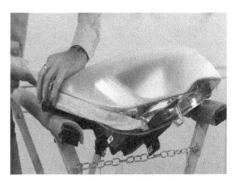

图8-6-4　遮蔽

40μm。如图 8-6-6 所示。

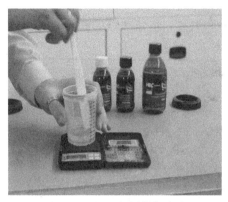
图 8-6-5　调配灯罩修复漆液

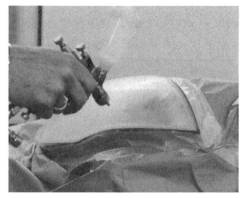
图 8-6-6　喷涂大灯修复漆液

6. 干燥

用短波红外线烤灯照射 15～20min，修复漆液即可固化。

7. 抛光

用 2000～3000 号细砂纸，配合抛光蜡打磨灯罩表面。

8. 大灯修复前后对比

如图 8-6-7 所示。

图 8-6-7　大灯修复前（左）后（右）对比

操作技巧总结

　　汽车漆面划痕修复前必须准确判断损伤程度，以免工艺性错误；喷涂时速度要平稳，漆膜厚度要均匀。挡风玻璃修复前要准确判断损伤种类，条形裂纹修复时钻止裂孔，这很重要。塑料件修复前也必须准确判断损伤种类，选用正确修复工艺，非裂纹、穿孔，仅凹陷变形主要采取加热修复方法，免喷漆修复方法。皮革修复时处理损伤位置成坡口很重要，应该在纹路特别清晰的地方制作纹路模板。轮毂修复只能修复轮毂上出现的剐蹭痕迹、凹坑、小缺口等损伤，变形的轮毂建议不修复。汽车大灯修复在打磨时必须正确选择各种规格砂纸，进行细致的打磨。

第九章 汽车电子产品装饰与操作技巧

第一节 汽车车灯装饰

汽车车灯装饰主要是对汽车前照灯（大灯）进行改装和加装室内室外装饰灯。改装前照灯的目的是改善前照灯的亮度和色温，加装室内室外装饰灯的目的是形成个性增加美感。

一、汽车大灯改装

1. 汽车车灯种类

（1）汽车灯按照用途分主要有照明灯和信号灯两大类；随着汽车车灯技术的发展，特别是LED车灯的产生，出现了更加能满足个性追求的装饰灯。各种车灯位置见表9-1-1。

表9-1-1　各种车灯位置

种类\位置	室外	室内
照明灯	前照灯(大灯)、牌照灯等	篷顶灯、仪表灯等
信号灯	制动灯、尾灯、示宽灯、倒车灯等	泛指仪表板的指示灯，即转向、机油压力、充电、制动、关门提示等仪表指示灯
装饰灯	主要是LED灯，因为其功率小，亮度高，广泛用于汽车室内室外装饰	

（2）按照车灯光源不同，车灯分为卤素灯、氙气灯和LED灯等，它们的特点见表9-1-2。

表9-1-2　卤素灯、氙气灯和LED灯特点

种类	特　点
卤素灯	卤素灯有其独特的配光结构,每支灯光内有两组灯丝(钨丝),一组是主光束灯丝,发出的灯光经灯罩反射镜反射后径直向前射去,形成"远光";另一种是偏光束灯丝,发出的光给遮光板挡到灯罩反射镜子的上半部分,其反射出去的光线都是朝下漫射向地面,形成"近光"
氙气灯	氙气灯英文简称是HID,是在石英灯管内填充高压惰性气体——Xenon氙气,取代传统的灯丝,在两段电极上有水银和碳素化合物,透过安定器(镇流器)以23000V高压电流刺激氙气发光;它所发出的光照亮度是普通卤素灯的两倍,而能耗仅为其三分之二,使用寿命可达普通卤素灯的十倍。氙气灯极大地增加了驾驶的安全性与舒适性,还有助于缓解人们夜间行驶的紧张与疲劳
LED灯	LED灯是一种新兴绿色照明光源,彩色LED的应用已经非常成熟。汽车仪表盘、背光照明开关、汽车阅读灯或抬头显示系统、汽车制动灯、尾灯、转向灯、倒车灯、高位制动灯等都已经应用LED

种类	特点
各种灯实物图	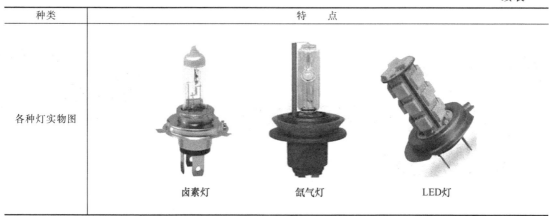 卤素灯　　　　　氙气灯　　　　　LED灯

2. 氙气灯改装操作方法及步骤

在此以改装"天使眼"大灯为例介绍氙气灯改装方法与步骤。"天使眼"大灯指的是在近光与远光灯头外围绕有由 LED 灯组成的各种光环的汽车氙气大灯。"天使眼"氙气大灯及附件如图 9-1-1 所示。

（1）拆下汽车上原卤素大灯总成。拆大灯前要注意，至少在发动机停机 15min 后才能操作，避免被烫伤。如图 9-1-2 所示。

（2）拔出原卤素大灯灯泡。如图 9-1-3 所示。

图 9-1-1 "天使眼"氙气大灯及附件

图 9-1-2 拆下原大灯总成

（3）分离大灯透明盖。注意分离前要先对大灯灯体进行加热，使密封胶软化后才能进行分离；加热时可使用热风枪加热，或用加热箱加热，但务必控制好温度，不能使灯体塑料软化。如图 9-1-4 所示。

（4）清洁灯体和透明盖。清洁时主要是清理附着它们上面的密封胶。如图 9-1-5 所示。

（5）安装"天使灯"。

① 依次取下"天使灯"的固定盖、卡簧、氙气灯泡、固定环、垫片、定位圈等零件。如图 9-1-6 所示。

图 9-1-3　拆卸原来灯泡

图 9-1-4　分离大灯透盖明

图 9-1-5　清洁灯体和透明盖

图 9-1-6　拆卸氙气灯安装零件

② 把"天使灯"灯体放进大灯灯座的安装孔位，注意其表面"TOP"标记一定要朝上。如图 9-1-7 所示。

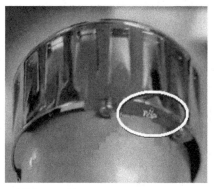

图 9-1-7　安装"天使灯"灯体

③ 在灯座后以相反顺序依次安装上定位圈、垫片、固定环、卡簧等紧固零件，固定"天使灯"灯体。如图 9-1-8 所示。

④ 安装"天使灯"灯泡。如图 9-1-9 所示。

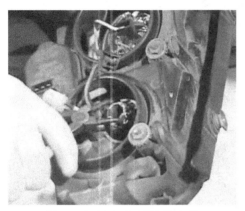

图 9-1-8　固定"天使灯"灯体

图 9-1-9　安装"天使灯"灯泡

（6）调试氙气大灯。

① 调试前暂时不要盖上透明盖，先按照"天使灯"的使用说明书接线图进行简单接线，分别把汽车继电器、氙气大灯安定器（镇流器）和氙气大灯接上，利用汽车蓄电池供电试灯。氙气大灯接线图 9-1-10 所示。简单接线方法如图 9-1-11 所示。

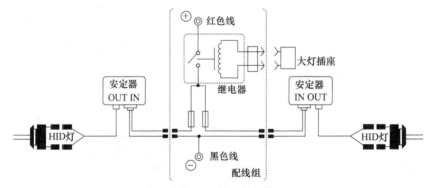

图 9-1-10　氙气大灯接线图

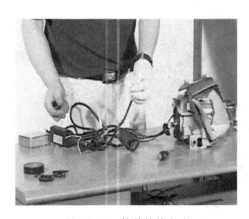

图 9-1-11　简单接线方法

② 调试氙气大灯。使氙气大灯射向一面距离大约 10m 的白色墙，观察截止光线。截止光线要平行地板面，如果不平行，可以稍微松开氙气大灯固定圈调节其灯泡在孔位的伸出距离，直到截止线平行地平面为止，再锁紧固定圈。如图 9-1-12 所示。

③ 检查灯光颜色，看"天使眼"颜色是否是车主定的色调。如图 9-1-13 所示。

④ 检查灯泡的凸透镜是否留有指纹，如有必须用干净棉布擦干净。注意眼睛不能直视光源位置，以免强光伤害眼睛。如图 9-1-14 所示。

(7) 检查氙气大灯没有任何问题后，断电关闭；盖上透明盖，并扣上卡簧，放在通风地方等待干燥后除去多余的密封胶。如图 9-1-15 所示。

(8) 氙气大灯接线。

根据说明书，把氙气大灯的远近灯线、大小灯线与安定器（镇流器）、控制线组连接好。注意接线要牢固，接头位置必须包扎上多层绝缘胶布，建议同时套上热缩管。接线如图 9-1-16 所示。

(9) 盖上防尘罩。

防尘罩不仅有防尘作用，还有密封效果。如图 9-1-17 所示。

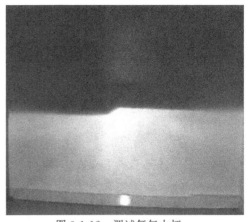

图 9-1-12　调试氙气大灯

图 9-1-13　检查灯光颜色

图 9-1-14　检查凸透镜是否留有指纹

图 9-1-15　盖上透明盖并扣上卡簧

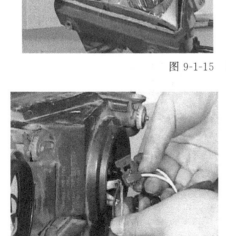

图 9-1-16　接线

图 9-1-17　安装防尘罩

注意，不同车型的大灯防尘盖不同，有的需要钻孔才能使用，如图 9-1-18 所示。

图 9-1-18　需要钻孔的防尘盖

（10）安装氙气大灯。

① 把大灯装回汽车上，把没有改动的线路重新接上。如图 9-1-19 所示。

② 把氙气大灯的安定器（镇流器）固定在发动机舱内合适位置，注意远离发热位置。如图 9-1-20 所示。

图 9-1-19　把大灯装回汽车上　　　　图 9-1-20　把安定器（镇流器）固定

③ 把氙气灯控制线组插头插上原大灯插座，红色线（正极线）与汽车蓄电池正极连接，黑色线（负极线）接地。如图 9-1-21 所示。

图 9-1-21　接上电源正负极

④ 包扎整理好所有电线、远离热源。如图 9-1-22 所示。

第九章　汽车电子产品装饰与操作技巧

图 9-1-22　整理包扎好所有电线

操作注意事项提示：

（1）氙气灯泡安装前不要拆下安全筒和用手接触灯泡。

（2）安定器（镇流器）输出瞬间电压为 23kV，不要剪接高压线，以免触电；其高压线部分不能缠绕，以免产生过大的磁场，而影响汽车的电器设备；与灯泡的摆放距离不能过远，以减免线路分压而造成的灯泡不亮现象；应安装于透气性较好的位置；不能装在车内过热和离水源近的地方。

（3）灯泡点亮后，不能用手调校灯泡，以免灼伤和触电。

（4）氙气大灯安装必须密封好，否则容易造成灯罩进水、进灰尘。

（5）某些车型由于原车带有自检设备，必须由专业技师安装，否则会出现故障灯报警、频繁烧毁保险、行车时突然熄灭等现象。

二、LED 灯装饰

随着 LED 灯技术日趋成熟，不仅可作为色彩丰富的装饰灯，也已被作为照明大灯使用。但现在的 LED 灯还是作为个性化车灯装饰为主，如雾灯装饰、车标装饰、尾灯装饰、内饰灯、轮毂装饰、汽车内外底盘装饰等。如图 9-1-23 所示。

LED 灯装饰安装简单，但要注意防止电路接触不良、短路、易松脱等问题。

LED 大灯

LED 大灯装饰灯

图 9-1-23

207

轮毂装饰　　　　　　　　　　　　汽车底盘装饰

图 9-1-23　汽车内底盘装饰

汽车底盘装饰灯功能更显丰富，通过遥控器不仅可调出各种灯光色彩，还可以控制音乐和色彩模式、灯光闪烁模式；通过手机 APP 软件，可以开关装饰灯，可以调出更多种灯光颜色和闪烁模式，可以利用手机内部音乐声控灯光强弱。汽车底盘装饰灯组件和安装如图 9-1-24 所示。

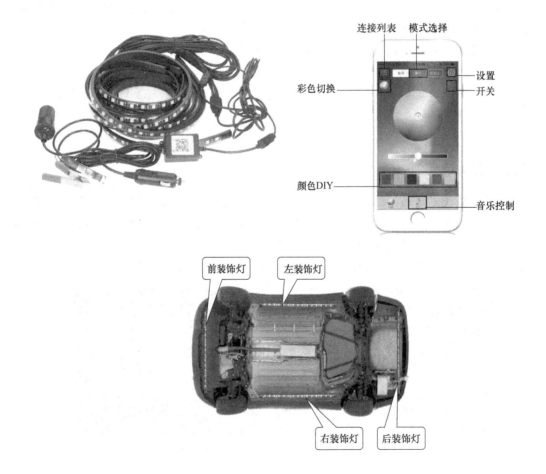

图 9-1-24　汽车底盘装饰灯组件和安装

第二节 汽车音响及导航系统改装

汽车实用型车内音响改装，已经经历了更换 CD 主机、加装 MP3 播放器、更换 MD 机头、加装 MP3 转换器等音视频源的时代，现在已经有了集中以上各项功能，并且能播放 DVD 视频和进行导航的集成系统，即 DVD 导航一体机。以下就以改装 DVD 导航一体机为例介绍实用型音响改装的方法。

改装配置主要有：DVD 导航一体机主机一台、前声场喇叭两对（含两路分频器）、后声场喇叭两对（含两路分频）、超重低音喇叭（或超重低音音箱）一只、前后场功放一台、超低音功放一台、电容器一只、线材一套。改装配置及线路连接图，如图 9-2-1 所示。

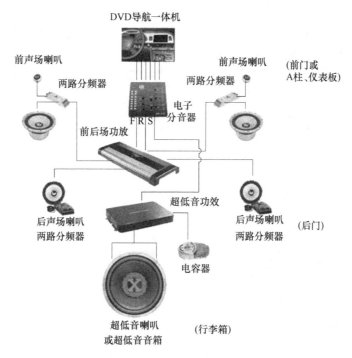

图 9-2-1 改装配置及线路连接图

汽车音响及导航系统改装操作步骤如下：

（1）准备工具和材料：塑料撬板、套筒扳手套装、十字螺丝刀、胶钳、绝缘胶布、塑料扎带、毛巾、手套和座椅垫、胶垫等。

（2）铺设好室内保护毛巾、脚垫等。

（3）拆卸旧的 CD 机。注意拆卸前必须先断开电源，即关闭电门。如图 9-2-2 所示。

（4）安装 GPS 天线。GPS 天线的连接线从储物箱中穿过到达中控台。如图 9-2-3 所示。

（5）安装转接线束。转接线束包括电源线、倒车后视摄像头接线等。如图 9-2-4 所示。

（6）把 DVD 导航一体机外接 USB 线放置储物箱中。从中控台中穿至储物箱。如图 9-2-5所示。

(a) 拆下面板

(b) 用螺丝刀拆下固定螺钉并取出CD机

图 9-2-2　拆卸原来的 CD 机

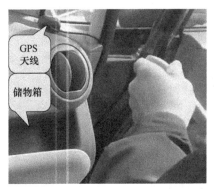 

图 9-2-3　安装 GPS 天线连接线

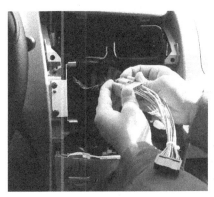 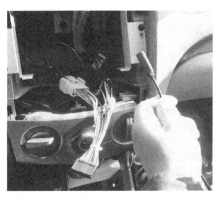

图 9-2-4　安装转接线束　　　图 9-2-5　把外接 USB 线放置储物箱

(7) 在 DVD 导航一体机上分别接上转接线束、GPS 天线、收音机天线、后视摄像头接线等。后视摄像头接线从中控台穿过至储物箱。如图 9-2-6 所示。

(8) 安装 DVD 导航一体机，并把中控台面板装回。如图 9-2-7 所示。

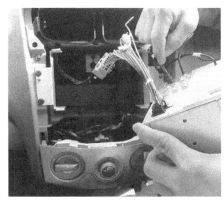

图 9-2-6　接上转接线束、GPS 天线等　　　图 9-2-7　安装 DVD 导航一体机

(9) 安装倒车后视摄像头。

① 拆卸车牌。

② 布线。将倒车视频线由储物箱沿 A 立柱密封条内引到前门边、B 立柱、后门边到行李箱、车牌照灯处。如图 9-2-8 所示。

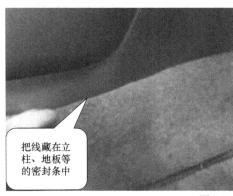
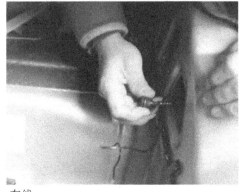

图 9-2-8　布线

③ 连接后视摄像头电源线延长线。如图 9-2-9 所示。

图 9-2-9　连接后视摄像头电源线延长线

④ 连接后视摄像头视频线。先把已经连接好的后视摄像头电源线延长线往行李箱拉进来，视频线延长线也会一并被拉进行李箱内，把从中控台引到行李箱的视频线插头与摄像头视频线延长线插座对接即可。如图9-2-10所示。

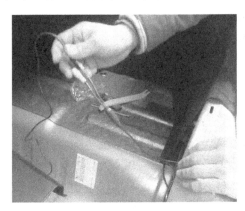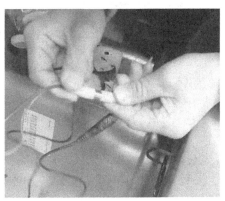

图9-2-10　连接后视摄像头视频线

⑤ 连接后视摄像头电源线。在行李箱内，把后视摄像头电源线的正极线与倒车灯的正极线连接，负极线不用接；注意在剥线时不能把电线的线芯铜丝弄伤，更不能弄断，接头部位必须进行绝缘保护。如图9-2-11所示。

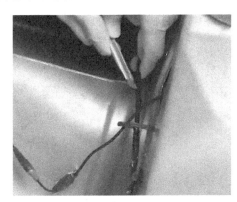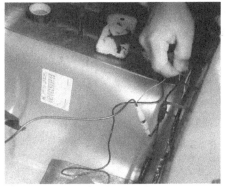

图9-2-11　连接后视摄像头电源线

⑥ 把摄像头线装进盒内，固定好摄像头和车牌照灯。如图9-2-12所示。

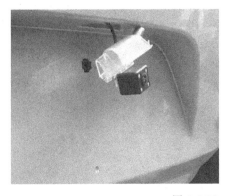

图9-2-12　固定摄像头

⑦ 安装车牌。把拆卸下来的车牌装回原来位置，操作结束。

（10）安装音响功放器和喇叭等。

① 布线。按照图9-2-1的接线方法把音响功放器、分音器、喇叭等装置的连接线布置好。

② 安装前后车门喇叭和分频器。注意高音和中音喇叭与分频器连接不能错误，喇叭的正、负极也要接正确。如图9-2-13所示。

图 9-2-13　安装前后车门喇叭和分频器

③ 安装功放器、分音器等装置。把前后场功放、超重低音功放、分音器、电容等调音设备安装在驾乘室与行李箱之间的隔板上，超重低音喇叭安装在行李箱中，并按照接线图连接好它们之间的音频线和电容连接线。如图9-2-14所示。

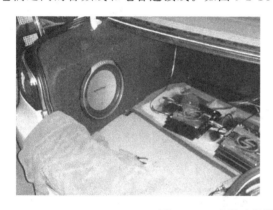 

图 9-2-14　安装功放器、分音器等装置

④ 连接音响装置电源线。把音响装置电源线接到汽车蓄电池上，建议用分接器连接。如图9-2-15所示。

 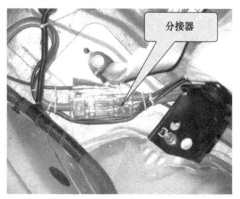

图 9-2-15　连接音响装置电源线

（11）安装后检测。检测音响、收音机、MP3、U盘、GPS和倒车视频等功能，保证各项功能正常。

操作注意事项提示：

（1）现在的汽车音响改装方法很多，市场上有不同的成品，建议选用与改装车辆车型吻合的 DVD 导航一体化主机，尽量少改线路、少剥电线，这样既简洁又安全，安装又快。

（2）车牌照灯在行李箱盖上的后视摄像头布线稍有不同，如图 9-2-16 所示。

(a) 从行李箱盖上连接摄像头接线

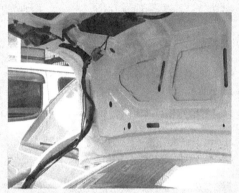

(b) 摄像头接线沿汽车线束走

(c) 在行李箱内接倒车灯正极线

(d) 安装摄像头

图 9-2-16　车牌照灯在行李箱盖上的后视摄像头布线方法

第三节　安装倒车雷达

一、倒车雷达的组成及工作原理

倒车雷达又称泊车辅助系统，由探头（超声波传感器）、控制器和显示器等部分组成。倒车雷达大多采用超声波测距原理，驾驶员在倒车时，将汽车的挡位挂到倒挡，启动倒车雷达，在控制器的控制下，由装置于车尾保险杠上的探头发送超声波，遇到障碍物，产生回波信号，传感器接收到回波信号后经控制器进行数据处理，判断出障碍物的位置，由倒车雷达发出警示信号（蜂鸣声或者语音）或者在其显示屏上显示出距离，从而使驾驶员在倒车时能避免碰撞其他物品，把车停在合适位置。如图 9-3-1 所示。

汽车倒车雷达分别有 2 探头、3 探头、4 探头、6 探头及 8 探头。6～8 探头的安装方式一般是前 2 个后 4 个和前、后各 4 个；6 个以上探头的普通倒车雷达，除可探测车尾情况外，还可探测前左、右角情况；探头的测距范围是 0.3～2.0m 左右。

图 9-3-1　倒车雷达作用

二、倒车雷达的种类

根据显示方式不同，倒车雷达可分为数字式、图像可视式两种。如图 9-3-2 所示。

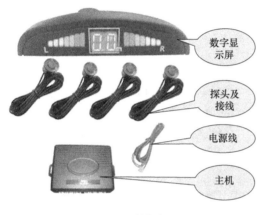

(a) 数字式

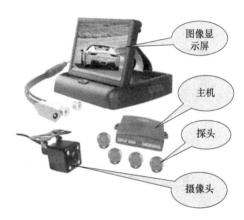

(b) 图像可视式

图 9-3-2　倒车雷达的种类

三、倒车雷达的安装方法和步骤

倒车雷达的安装方式有粘贴式和开孔式两种。粘贴式安装方法无需在汽车保险杠上开孔，只需将探头粘贴在尾灯附近或行李箱门边即可，安装方法比较简单，在此不作具体介绍，其主要安装步骤如图 9-3-3 所示。

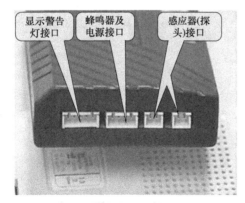

(a) 接线插口

(b) 接线

图 9-3-3

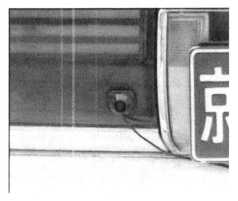
(c) 粘贴

(d) 测试

图 9-3-3 倒车雷达粘贴式安装方法

1. 倒车雷达开孔式安装方法与步骤

(1) 设计。倒车雷达的各个组成部分安装位置及走线、接线如图 9-3-4 所示。

(2) 工具准备：准备手电钻、钳子、剪刀、十字螺丝刀、内六角螺丝刀、绝缘胶布、扎带、卷尺、美工刀等。

2. 安装倒车探头

(1) 根据保险杠颜色，通过比对确定所选探头的涂装颜色。如图 9-3-5 所示。

(2) 确定探头安装位置。在汽车保险杠垂直、平整且无金属构件的地方，从一侧到另外一侧定位 A、B、C、D 四个点；为确保系统的最佳探测角度，A、D 两个探头应在距离车体边缘两侧 8～13cm（如 12 cm）处选点；A、B、C、D 四个探头的安装点须在同一水平线上，距地面高度为 45～65cm（如 60 cm）。如图 9-3-6 所示。

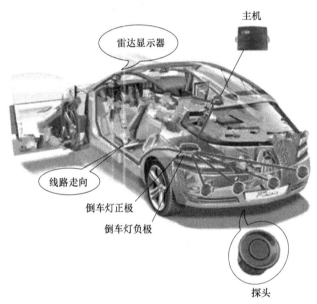

图 9-3-4 倒车雷达的布线及各个组成部分的安装位置

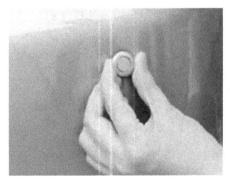

图 9-3-5 选择探头颜色

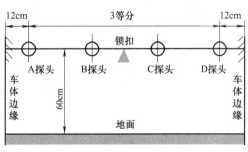

图 9-3-6 确定探头安装位置

① 先确定探头 A 安装位置，简单记为 A 点。利用卷尺根据探头离车体边缘距离和离地面高度确定 A 点位置。如图 9-3-7 所示。

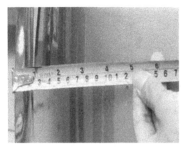  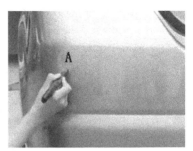

(a) 确定探头离车体边缘距离(12cm)　　(b) 确定探头离地面高度(60cm)　　(c) 做好标记

图 9-3-7　确定探头 A 的位置

② 确定探头 D 的位置，简记为 D 点。先通过行李箱锁扣位置确定保险杠中间位置并做好标记；量取 A 点到中间位置的距离尺寸，然后以这一尺寸确定 D 点位置，保证 A、D 两点与中间位置对称。如图 9-3-8 所示。

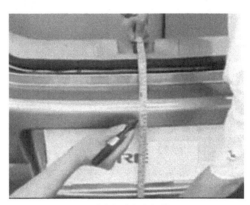

(a) 确定保险杠中间位置

 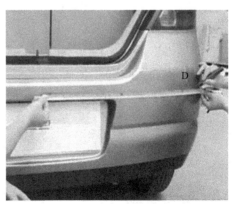

(b) 测量A点到中间位置距离　　(c) 确定D点位置

图 9-3-8　确定探头 D 的位置

图 9-3-9　确认钻头大小吻合

③ 确定 B、C 两点位置。把 A、D 之间距离进行三等分,即可确定 B、C 两点位置。

(3) 钻孔。

① 钻孔前,必须确认所利用钻头直径与探头直径相吻合。如图 9-3-9 所示。

② 对准所作标记进行钻孔,注意手势,保持孔的正确角度。如图 9-3-10 所示。

③ 四个孔钻完后,需用美工刀把孔边缘毛刺削干净,以免影响探头安装角度或阻碍安装。如图 9-3-11 所示。

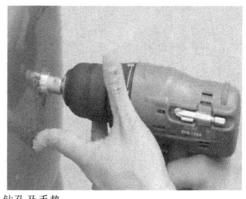

图 9-3-10　钻孔及手势

(4) 拆卸附件。把影响倒车雷达安装的有关装饰件、密封条等拆卸下来,注意集中放置车内不影响工作的位置,以免弄丢或损伤装饰件。如图 9-3-12 所示。

(5) 安装探头。

① 接好探头线,并旋紧防水盖。如图 9-3-13 所示。

② 注意每个探头安装时有上下之分,探头上已经用箭头和英文"UP"标记出上方位置。如图 9-3-14 所示。

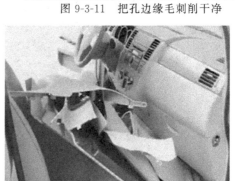

图 9-3-11　把孔边缘毛刺削干净

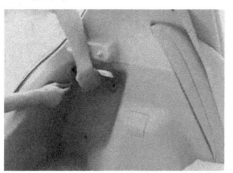

图 9-3-12　拆卸附件

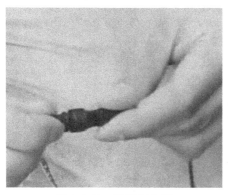
图 9-3-13　连接探头线

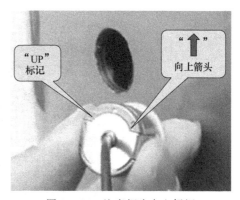
图 9-3-14　注意探头向上标记

③ 探头走线。把探头线从探头安装孔穿到行李箱中，直到探头到达安装孔边。注意，要按照说明书提示正确安装 A、B、C、D 四个探头到相应孔位中，顺序不能错乱。如图 9-3-15 所示。

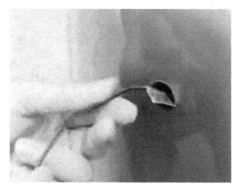
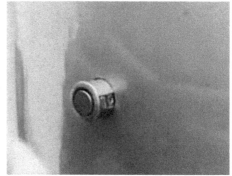

图 9-3-15　探头走线

④ 把探头推进安装孔中。利用安装片可以又快又好地安装好探头。如图 9-3-16 所示。

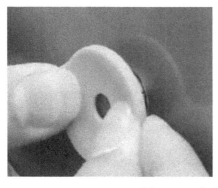

图 9-3-16　把探头推进安装孔

⑤ 把行李箱中各种线束整理好，包扎好。如图 9-3-17 所示。

3. 安装后主机

（1）找出倒车灯的电源线。汽车点火，反复几次踩住刹车挂倒挡，借助电笔在尾灯线组中找，很容易找到倒车灯的电源线。如图 9-3-18 所示。

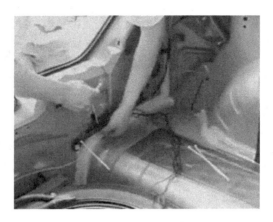

图 9-3-17 包扎线束

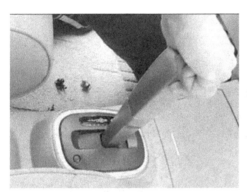

(a) 挂倒车挡　　　　　　　　　　　(b) 找出倒车灯

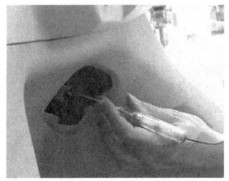

(c) 利用电笔找出倒车灯电源线

图 9-3-18 找出倒车灯的电源线

（2）把倒车雷达后主机的电源线分别接上倒车灯的电源线和地线（搭铁线），并用绝缘胶布包扎好。如图 9-3-19 所示。

（3）把 A、B、C、D 四个探头线插上后主机相应的 A、B、C、D 插孔位置。有的倒车雷达标记非常清楚，探头线的标签和主机相应插孔用同一种颜色对应，并分别标记上 A、B、C、D 字母。再插上前主机线和电源线。如图 9-3-20 所示。

第九章　汽车电子产品装饰与操作技巧

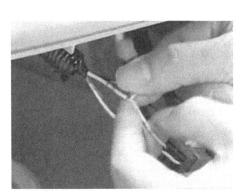
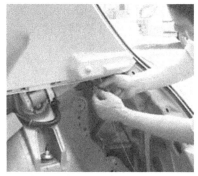

图 9-3-19　连接倒车雷达后主机的电源线和地线并包扎好

图 9-3-20　在后主机上依次插上四个探头

（4）把后主机安装在行李箱中合适位置。如图 9-3-21 所示。

（5）包扎好各个线束。如图 9-3-22 所示。

4. 安装倒车雷达显示器

先把显示器正确安装在显示器底座上，再把显示器安装在仪表台上不影响行车视线的位置，并把显示器线束沿仪表台边缘密封条和左边 A 柱密封条进行隐藏安装。如图 9-3-23 所示。

图 9-3-21　安装好雷达后主机

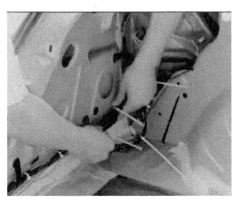

图 9-3-22　包扎线束

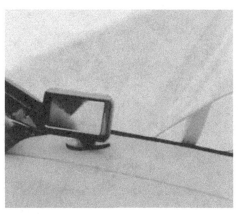

图 9-3-23　安装显示器

5. 安装温度感应器

（1）发动汽车，打开空调，让发动机怠速运转；打开发动机盖，站在水箱罩前方，用手来回探测上下进气格栅，避开发动机仓热风干扰影响的地方来安装车外温度感应器。如图 9-3-24 所示。

(a) 查找合适安装汽车室外温度感应器的位置

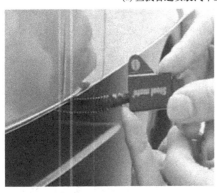 

(b) 安装

图 9-3-24　安装汽车室外温度感应器

（2）车外温度感应器走线。温度感应器走线要避开高温区，并远离高压电源线；把车外温度感应器线从发动机舱传到驾驶舱，拉线时要注意不能让线擦伤。如图 9-3-25 所示。

 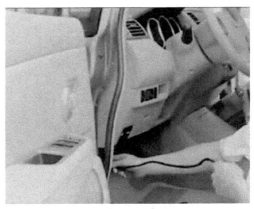

图 9-3-25　车外温度感应器走线

（3）车内温度感应器走线和安装。车内温度感应器安装在不能影响驾驶操作且容易观察的位置上，走线时可通过方向盘下方空间到达主机，注意隐藏线路。如图9-3-26所示。

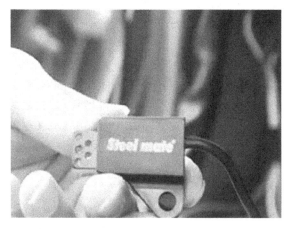
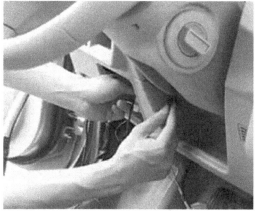

图9-3-26　车内温度感应器走线和安装

6. 安装倒车雷达前主机

（1）在驾驶室内边开行车小灯边用电笔测试，找到行车小灯电源，确认无误后把倒车雷达前主机电源线接上。如图9-3-27所示。

（2）接线。把车外温度感应器探头线、车内温度感应器探头线、倒车主机线、显示器信号线、电源组线插上倒车雷达前主机。如图9-3-28所示。

（3）把驾驶室内过长的线束和其他线捆绑、包扎好，收藏到不影响驾驶动作的位置，并固定好。如图9-3-29所示。

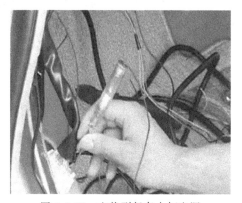

图9-3-27　查找到行车小灯电源

图9-3-28　接线

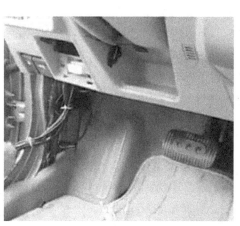

图9-3-29　包扎线束

图 9-3-30 测试

(4) 把前主机安装到合适的位置并固定牢靠。

7. 测试

对接线、安装完毕的整个系统进行一次初步的通电测试。保证前后主机及探头、显示器接线正确，显示正确。如图 9-3-30 所示。

8. 恢复装饰

经过测试，倒车雷达各项功能都正常后，把安装倒车雷达前拆卸下来的装饰件和装饰条等全部复位。务必细心操作，不能损坏、弄脏这些装饰件。

操作注意事项提示：

(1) 探头安装位置必须和车身比例协调，开孔间距要均匀，左右要处于同一水平线。

(2) 四个探头 A、B、C、D 分别按从左到右顺序排列，不能装错，否则会导致雷达对障碍物距离和方位的识别错乱。

(3) 内部排线要隐蔽，对于比较长需要卷起来的线束，一定要先理顺，再有条理地包扎好，安置于安全的隐蔽处，并固定好。

(4) 探头线必须远离排气管，以免高温引起电路短路，烧坏雷达线路甚至主机。

(5) 连接倒车雷达电源线一定要包扎好剥口连接处，以免造成短路或接触不良现象，搭铁线必须固定可靠。

第四节 安装车载蓝牙手机免提电话

一、车载免提电话的作用

车用通信装置是专门为驾驶员、乘车人提供通信服务的装置，它是移动通信的一个专门领域。以往的车用通信装置种类繁多，如有车用蜂窝电话、车用免提电话、车用手机免提电话、车载蓝牙免提电话等；随着手机的普及，现在的车用免提电话主要是为了驾驶员安全驾驶的需要，可以边开车边接电话。车载蓝牙手机免提电话，因其具有结构简单、安装方便等特点，是目前主要使用的车用电话，司机可以"在车上用免提，在车下用手机"。

二、安装车载蓝牙手机免提电话的方法

1. 认识车载蓝牙手机

车载蓝牙手机正面是显示屏和按键等，背面是听筒、扬声器、卡扣口、点烟器电源插口等，侧面是加长电源线接口、内存卡接口等。如图 9-4-1 所示。

2. 安装车载蓝牙手机

将车载蓝牙手机与点烟器充电卡座连接，并把点烟器充电卡座插到点烟器上。如图

第九章 汽车电子产品装饰与操作技巧

图 9-4-1 认识车载蓝牙手机

9-4-2所示。

图 9-4-2 安装车载蓝牙手机

3. 使用车载蓝牙手机

（1）打开汽车电源，使车载蓝牙手机处于待机状态。如图 9-4-3 所示。

（2）匹配手机。按下车载蓝牙手机方向键的向上箭头，使其处于"等待匹配"状态。如图 9-4-4 所示。

图 9-4-3 待机状态　　　　　图 9-4-4 等待匹配状态

（3）将手机蓝牙功能打开，并且搜索设备，几秒钟后即可匹配成功。如图 9-4-5 所示。

（4）使用车载蓝牙手机。车载蓝牙手机匹配好驾驶员手机后，经过设置，一切使用方法与用驾驶员本身的手机一样，可接听、拨打电话。接电话时，只要按一下免提键，即可用免提方式通话；拨打电话时可以直接在车载蓝牙手机进行拨号。

（5）车载蓝牙手机其他功能的使用。车载蓝牙手机除了接听、拨打电话功能外，还有其

图 9-4-5 匹配成功

他扩展功能,需要阅读使用说明书,在此不做介绍。

操作注意事项提示:

(1)有的汽车点烟器位置,不适合放置车载蓝牙手机充电卡座,需要使用充电延长线。如图 9-4-6 所示。

(2)使用语音控制免提车载蓝牙手机,可以通过语音控制是否接听来电,也可以通过语音进行拨打电话。语音免提车载蓝牙手机如图 9-4-7 所示。

(3)使用车载蓝牙手机和驾驶员手机完全同步时,要注意设置,避免可能泄露手机信息。

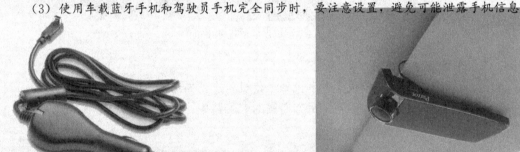

图 9-4-6 充电延长线 图 9-4-7 语音车载蓝牙手机

第五节 汽车防盗系统改装

一、汽车防盗系统种类

1. 机械式防盗系统

机械式防盗系统即机械锁,可锁住汽车上的某一机构,使其不能正常操作,汽车不能移动。常见的汽车防盗机械锁有方向盘锁、排挡锁等。机械式防盗系统的特点是价格相对便宜,安装方便,起到一定的防盗作用;但锁上车后显得不美观。常见机械锁如图 9-5-1 所示。

(a) 方向盘锁

(b) 排挡锁

图 9-5-1　常见机械锁

2. 电子防盗系统

电子防盗系统，其核心技术是电控液压单向阀工作原理，安装时将其串联在制动油管系统上，工作时系统形成单向阀，锁定后用原车钥匙也开不走汽车；破坏防盗电子系统，单向阀仍然处于工作状态，窃贼也不能开走；不工作时不改变原车制动状态，又不影响其他功能；必须利用钥匙中的无线电发射芯片与本车的 ECU 通信后才能启动汽车发动机。有的电子防盗系统还配合中控防盗系统，称为"汽车防盗遥控中控二合一"汽车防盗系统，如图 9-5-2 所示。

图 9-5-2　"汽车防盗遥控中控二合一"汽车防盗系统

传统的电子防盗系统的缺点是误报率较高，如大车经过、鞭炮响起、雷雨交加时，系统发出的刺耳报警声严重扰民；将车停在地下停车场或距离停车距离较远时，也接收不到反馈信号。

3. 网络式防盗系统

网络式防盗系统主要是依靠社会的公共网络监控车辆的行驶及其他状态，主要分为 GPS 卫星定位防盗系统和 GSM＋GPS 移动防盗系统两种，是现在社会上较为流行的汽车防盗系统。GSM＋GPS 移动防盗系统主要硬件组成如图 9-5-3 所示。

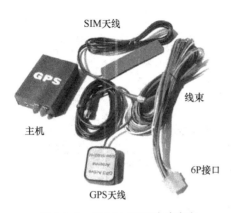

图 9-5-3　GSM＋GPS 移动防盗系统主要硬件组成

GPS 卫星定位防盗系统可通过 GPS 卫星定位系统，确定车辆的位置，再通过 GSM 网将汽车位置和报警信息传送到报警中心，报警中心又通过 GSM 网控制汽车断电、断油等；GSM＋GPS 移动防盗系统依托 GSM 通信网络，进行手机与汽车的智能联动防盗，车辆一有异常，网络即刻发送短信告知车主汽车的状态，具有防盗、监控、远程控制、远程报警、反劫等多种功能，是维护社会治安、保护车主利益的有效手段，与同类产品相比，该系统还具有安装更隐蔽、技术更先进、性能更可靠等特性，具有不需建基站、报警不受距离限制等优点。GSM＋GPS 移动防盗系统工作原理如图 9-5-4 所示。

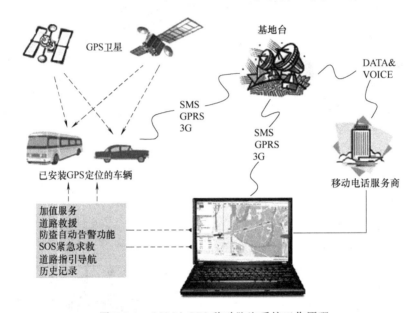

图 9-5-4　GSM＋GPS 移动防盗系统工作原理

网络式汽车防盗系统主要的缺点是：依赖 GSM 网络的覆盖、GPS 卫星定位，需要定期交纳网络资费；盗贼可以使用手机信号干扰器，影响车主正常锁上车门，使防盗系统失效，甚至阻断车辆与报警中心的联系。在此特别提醒车主在锁车门后，要检查车门是否真正已经锁上。

4. 生物识别防盗系统

利用人体特征作为唯一解锁的"钥匙"，锁止汽车，防止被盗。如"指纹锁"，即"汽车活体指纹启动器"是利用每个人不同的指纹图形特征制成的一种汽车防盗系统，防盗时先在锁内安装车主的指纹图形，当车主开启车门时，只要将手指往门锁上一按，如果指纹图形相符，车门即开；用手指往汽车启动锁上一按，即能启动汽车。"眼睛锁"是利用视网膜图纹来控制汽车开启的防盗锁，这种锁内设有视网膜识别和记忆系统，车主开锁时只需凑近防盗锁看一眼，视网膜图形与记录相吻合时，即能开锁。

生物识别防盗系统的特点是：只有车主能开启设置自己指纹或其他活体信息的汽车，能真正防盗；缺点是价格昂贵。

二、汽车防盗系统改装举例

1. CAN-BUS 防盗系统安装

CAN-BUS 防盗系统是利用原车电脑程序专门开发的防盗系统，所有功能都是利用原车基础条件完成，与原车电脑程序完美结合，是比较理想的原车升级防盗产品；其专车专用，安装简单，不用接线（如要关窗功能只接一根线）；可用原喇叭报警，不用外加喇叭；可利用原车遥控器操作，不用换遥控器。CAN-BUS 防盗系统主要组成如图 9-5-5 所示。

CAN-BUS 防盗系统安装时走原车总线，防盗升窗完美结合，真正做到无损安装，其安装方法及步骤如下。

（1）拆卸影响安装防盗系统的装饰件，如 CAN 总路线接头装饰盖、A 柱装饰件及其旁边门槛装饰件等。

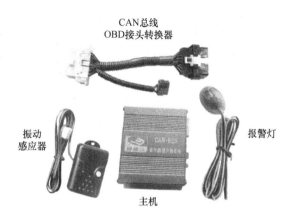

图 9-5-5　CAN-BUS 防盗系统主要组成

（2）找到原车的 OBD 接头，撬开卡扣，移出接头。如图 9-5-6 所示。

（3）将防盗系统线束 OBD 连接器与原车的 OBD 接头对接。注意一定要插到位，不能有任何松动。如图 9-5-7 所示。

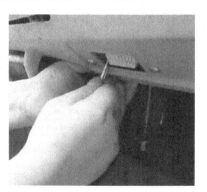

图 9-5-6　撬开卡扣移出接头

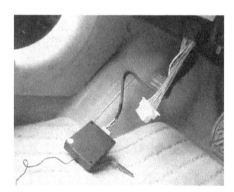

图 9-5-7　连接器与原 OBD 接头对接

图 9-5-8　接线

（4）测试。

① 把报警灯（LED 灯）线、振动感应器线等接上防盗系统主机。如图 9-5-8 所示。

② 调整好振动感应器的灵敏度。如图 9-5-9 所示。

③ 打开两边车门，两边车门报警灯闪烁，表示自动识别成功，即可测试防盗系统的所有功能。如图 9-5-10 所示。

④ 将车钥匙打到 ON 挡，仪表灯应亮。

⑤ 关好四个车门，可手动锁上中控锁。

⑥ 关闭点火开关，拔出车钥匙，中控锁能自动打开。

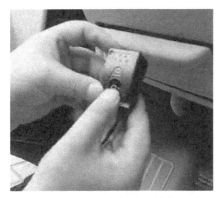
图9-5-9 调整振动灵敏度

图9-5-10 观察两边车门开门灯闪烁

（5）固定防盗系统相关物件。

功能测试完成后，把报警灯、振动感应器、防盗系统主机等适当安装在汽车上并固定好。

① 把报警灯（LED灯）固定在前挡风玻璃左下角。如图9-5-11所示。

② 把振动器固定在车身的合适位置。注意一定要紧贴车身铁皮，不可以悬空或贴在隔音棉、胶板、仪表板之上，以免影响振动传感器的振动感应效果。如图9-5-12所示。

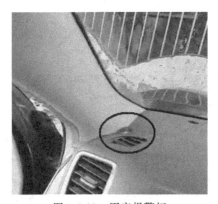
图9-5-11 固定报警灯

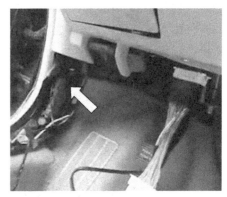
图9-5-12 固定振动感应器

③ 整理线束，将转接后的OBD接头安装在原来位置，用魔术贴将主机固定在方向盘下方的空间内。如图9-5-13所示。

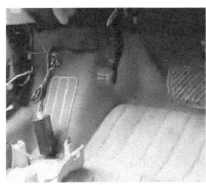
图9-5-13 固定防盗系统主机

(6) 恢复装饰。

将安装防盗系统前拆卸的各种装饰件安装回原位。如图 9-5-14 所示。

2. GPS-SIM 防盗系统安装

(1) 安装前准备

检查车辆各项功能，如车辆门锁、车钥匙及遥控锁，启动车辆检查电动车窗、车内中控锁，观察仪表台指示灯，各电气功能使用是否正常，故障灯、气囊灯等是否有异常，检查各种远近光灯、雾灯、雨刮灯等是否正常。

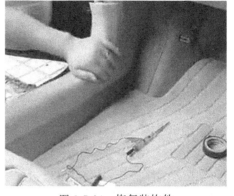

图 9-5-14 恢复装饰件

(2) 拆卸装饰件

将影响 GPS 安装的 A 柱装饰件和密封条、A 柱旁门槛装饰件、方向盘下装饰件等拆下，注意保护好各种卡扣，以免损坏。如图 9-5-15 所示。

 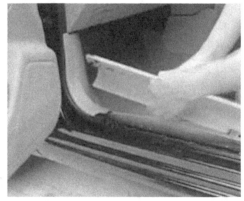

图 9-5-15 拆卸装饰件

(3) 确定主机安装位置

主机安装位置要求防水、防振动、隐蔽性较强，一般安装在方向盘下方空间内，并用魔术贴或其他方式进行牢靠固定。

(4) 线束整理

确定主机安装位置后，度量好从主机安装位置到连接位置的长度，并预留适当长度备用。然后用绝缘胶布包扎整理。如图 9-5-16 所示。

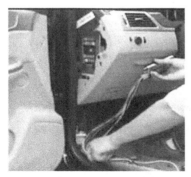 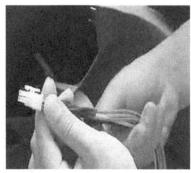

图 9-5-16 线束整理

(5) 接线

先查找出车辆与 GPS-SIM 防盗系统 6P 接口有关的各条接线；再把 6P 接口除了预留的检测线（一般为绿色线）不用连接外，其他接线全部接到车辆相应线上。

① 接主电源线　先关闭车辆供电，拔出车钥匙，在汽车原线束中，用试电笔（试灯）查找，此时仍然通电的电线即为主电源线，也叫常电源线，将 6P 接口的主电源线（一般为红色线）接上此线。

查找和连接主电源线也可以在保险盒中进行，查找出主电源保险丝后，先把保险丝拔出，把 6P 接口线束的主电源线牢固捆绑在保险丝的一个脚上或者使用保险丝转换接头连接，再把保险丝插回原位置即可。如图 9-5-17 所示。

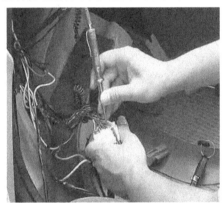 

(a) 查线位置

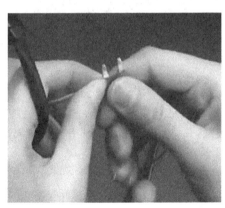 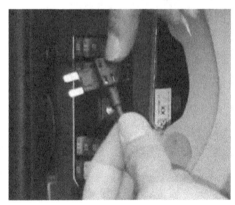

(b) 保险盒接线方法

图 9-5-17　查线及接线方法

② 接 ACC 线　插上车钥匙，并拨到 ACC 挡或 ON 挡，线路检测有电，而拔出车钥匙时没电的即 ACC 线，如收音机、空调连接线等，将 6P 接口的 ACC 检测线（一般为黄色线）接上此线。如图 9-5-18 所示。

ACC 线的查找和接线也可以在保险盒中进行，根据保险盒说明书很容易找到 ACC 线。如图 9-5-19 所示。

③ 接地线（搭铁）　将 6P 接口的地线（一般为黑色）接在汽车上的搭铁位置即可，但连接时要注意避免形成回路。如图 9-5-20 所示。

④ 接继电器　先查找油路控制线。插上车钥匙，并拨到 ACC 挡或 ON 挡，线路短时间

通电，启动车辆后一直通电，即为油路控制线。

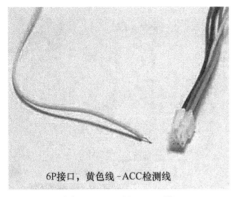

图 9-5-18　接 ACC 线

图 9-5-19　从保险盒说明书找线

连接继电器。以四脚继电器为例，86 脚连接 6P 接口的油路控制线（一般为橙色）；把原车油泵线剪断，一端将断电器的 85 脚并 87a 脚接上，另一端接上 30 脚。如图 9-5-21 所示。

图 9-5-20　接地线（搭铁）

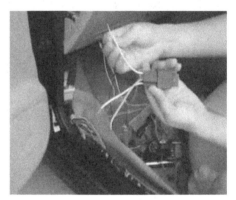

图 9-5-21　接继电器

⑤ 查找喇叭线　可在方向盘下方线束查找。当按下喇叭开关鸣响时，会暂时停止输出高电平电压；利用高瓦数试电笔会触发喇叭鸣响。如图 9-5-22 所示。

⑥ 查找门边线　可通过按下和松开门边开关，试电笔测量出现的不同状况来判定门边线。如图 9-5-23 所示。

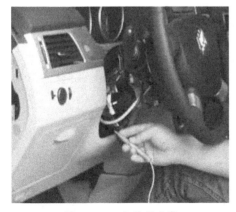

图 9-5-22　查找喇叭线

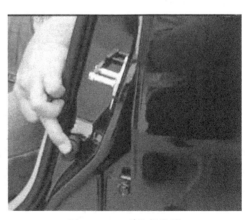

图 9-5-23　查找门边线

⑦ 接报警按钮线　把报警器两条电线分别接上 6P 接口的报警器按钮控制线（一般为棕色线）和地线即可。如图 9-5-24 所示。

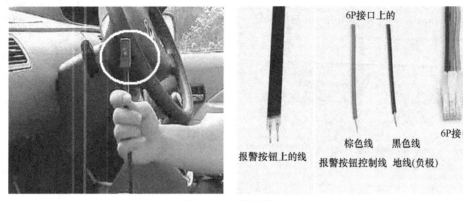

图 9-5-24　接报警按钮线

（6）安装 SIM 卡

用螺丝刀将防盗系统主机上固定螺丝拆下，取出电路板，把 SIM 卡安装在卡位上，再把电路板装回主机盒中即可。如图 9-5-25 所示。

图 9-5-25　安装 SIM 卡

（7）安装天线

① 连接 GSP 天线和 SIM 天线　按照防盗系统主机上的标识指示，分别将 GSP 天线和 SIM 天线接在相应位置上。如图 9-5-26 所示。

(a) 天线标识

 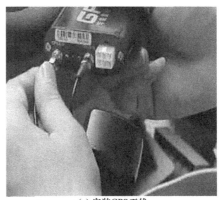

(b) 安装GSM天线　　　　　　　　　(c) 安装GPS天线

图 9-5-26　连接天线

② 安放 GSP 天线和 SIM 天线　GPS 天线安放之处上方不能有铁皮或含铁的合金物体遮挡，圆鼓面必须朝上，倾斜角度不能大于15°；GSM 天线尽可能安放在远离强磁场和铁质附加件密集的地方，以免信号被屏蔽，影响接收，建议安装在 A 柱内侧。如图 9-5-27 所示。

(a) 安放GPS天线　　　　　　　　　(b) 安放SIM天线

图 9-5-27　安放天线

（8）安放紧急报警按钮

将紧急报警按钮与主机连接后安装在隐蔽地方。如图 9-5-28 所示。

（9）安放监听咪头

将监听咪头与主机音频接口连接后放置隐蔽之处。如图 9-5-29 所示。

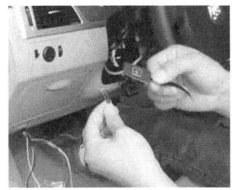 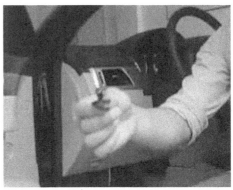

图 9-5-28　安放紧急报警按钮　　　　　　图 9-5-29　安放监听咪头

(10) 测试

① 测试准备 把6P线束插头接上主机。如图9-5-30所示。

② 测试 启动汽车，待GSP蓝色指示灯、GSM绿色指示灯常亮，红色指示灯闪烁后，系统进入正常状态；此时可连接客服中心进行测试和修改资料。测试内容包括车辆定位、车辆状态、报警、断油断电等方面。正常状态指示灯显示如图9-5-31所示。

图9-5-30 把6P线束接上主机

图9-5-31 正常状态指示灯显示

(11) 检查

重新检查接线的各个位置情况，保证连接牢固可靠；检查车辆各方面电气使用情况。

(12) 安放主机

整理线束，将主机安放在方向盘下方空间内，并固定好。

(13) 车辆复原

复原车辆在安装防盗系统时拆卸下来的各处装饰件。

3. 汽车"指纹锁"的安装方法和步骤

汽车"指纹锁"即"汽车活体指纹启动器"，也叫一键启动装置，其安装方法和步骤如下。

(1) 工作准备

仔细阅读"指纹锁"使用及安装说明书，认识配件和熟悉安装方法、步骤。如图9-5-32所示。

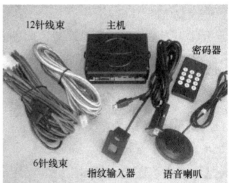
图9-5-32 "指纹锁"说明书和配件

(2) 拆卸装饰件

拆卸影响安装的装饰件。把驾驶员左侧门压条、侧板、方向盘下护板、点火开关上下护板、A 柱装饰件等拆下。如图 9-5-33 所示。

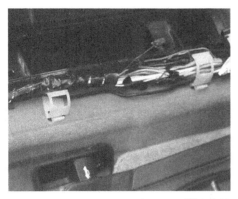 

图 9-5-33　拆卸装饰件

（3）接线

接线主要是将 6 针线束（6P 接头）和 12 针线束（12P 接头）上的各条电线连接到车辆上相应位置或线路上。6 针线束接头如图 9-5-34 所示，12 针线束接头如图 9-5-35 所示。

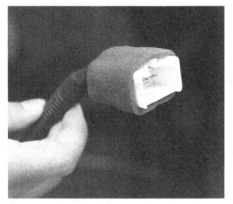 

图 9-5-34　6 针线束接头　　　　　图 9-5-35　12 针线束接头

① 接 6 针线束　拔下汽车点火开关的插头，然后和防盗系统主机的 6 针线插头对接，并将 6 针线束的接地线搭铁，并固定牢靠。如图 9-5-36 所示。

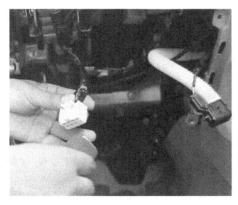 

图 9-5-36　接 6 针线束

② 接行李箱开启控制线　用试电笔在门槛边线束中找到汽车行李箱开启控制线，将其剪断，中间加接一个保护器（保险丝），然后将12针线束的行李箱控制线并接在保护器靠近行李箱这一端。如图9-5-37所示。

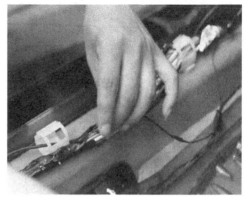

图9-5-37　接行李箱开启控制线

③ 接转向灯线　在门槛边线束中，用试电笔和开、关汽车转向灯的方法来找出汽车转向灯线，并启动发动机确认左右转向灯和做好记号；然后把12针线束的两条转向灯线接到原车转向灯线上。如图9-5-38所示。

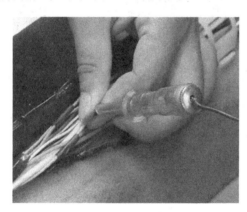

图9-5-38　接转向灯线

④ 接中控锁线　分别将12针线束的中控锁上锁、解锁触发线接在原车中控锁上锁、解锁的负触发线上。如图9-5-39所示。

⑤ 接油泵线　在门槛边线束中找到汽油泵线，并将其剪断，再把其两端分别接到12针线束的两条油泵线上。

⑥ 接CAN总线　将仪表盘拆下，并拔掉其电线插头和主机，将CAN总线插头对接即可。如图9-5-40所示。

图9-5-39　接中控锁线

（4）更换门把手

① 将车门内装饰件拆下，拆卸原车把手，再把指纹锁配置门把手装上。如图 9-5-41 所示。

图 9-5-40　接 CAN 总线

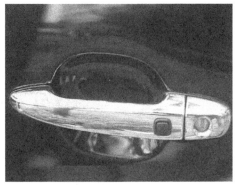

图 9-5-41　更换门把手

② 根据指纹锁说明书将门把手的控制线与 CAN 总线相应线对接，门把手的电源线与原车电源线相接。如图 9-5-42 所示。

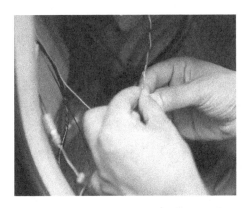
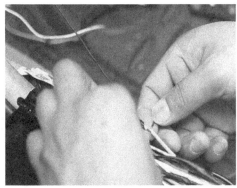

图 9-5-42　接门把手线

(5) 钥匙安装

① 将原车钥匙拆开，把其芯片移到回避器里并固定在排线中间。如图 9-5-43 所示。

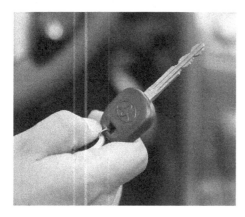
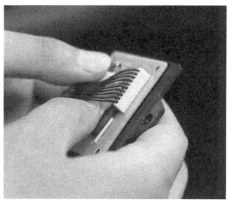

图 9-5-43 将原车钥匙芯片移到回避器里

② 将回避器线在原车锁头线圈处顺时针缠绕两圈并固定。如图 9-5-44 所示。

图 9-5-44 将回避器线绕两圈并固定

③ 将原车钥匙坯插入点火开关并转至 ACC 挡。如图 9-5-45 所示。

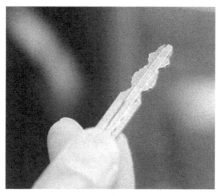

(a) 原车钥匙坯

(b) 将钥匙坯转至ACC档

图 9-5-45　将钥匙坯插入点火开关并转至 ACC 挡

（6）安装指纹输入器

先将指纹输入器连接线和指纹输入器对接，再将指纹输入器安装在汽车上合适位置即可。本例安装在方向盘右边。如图 9-5-46 所示。

图 9-5-46　安装指纹输入器

（7）连接语音喇叭

将语音喇叭线对接即可，如图 9-5-47 所示。

（8）安装天线

先将天线连接线对接，再将天线安装在车内合适位置。一般安装在前挡风玻璃内侧 A 柱装饰件内，如图 9-5-48 所示。

（9）安装"指纹锁"主机

先分别将指纹输入器连接线、天线、语音喇叭线、CAN 总线、12 针线束插入主机；再把主机安装在隐蔽、干燥，避免高温、潮湿地方，如方向盘下方空间内。如图 9-5-49 所示。

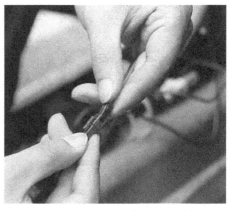

图 9-5-47　连接语音喇叭

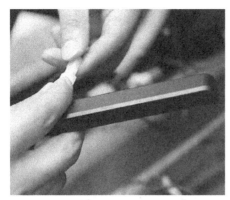 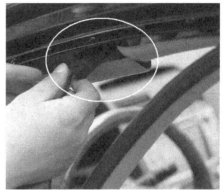

图 9-5-48　安装天线

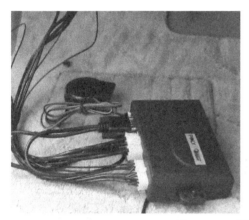 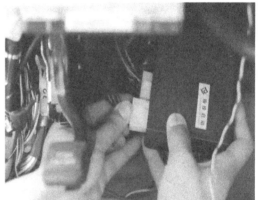

图 9-5-49　安装"指纹锁"主机

(10) 测试

安装完毕必须对车辆进行严格测试。

① 输入指纹：将密码输入器和主机连接，按照说明书输入指纹。如图 9-5-50 所示。

 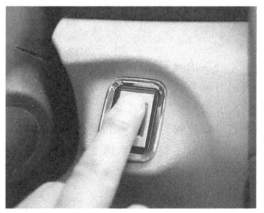

图 9-5-50　输入指纹

② 测试指纹一键启动及防抢功能开启关闭是否正常。注意必须重复三次测试。
③ 测试无钥进入和自动落锁功能。

④ 检测所安装车性能是否正常。

⑤ 删除测试用的指纹。把本系统功能关闭，把指纹锁使用说明书放置储物箱内，供车主查阅使用。

(11) 车辆装饰件复原

将安装防盗系统时拆卸下来的各种装饰件安装回原位。

操作技巧总结

电子产品装饰时，要认真阅读电子产品使用说明书和安装手册，设计安装电子产品的布线图，正确找出连接线和接线位置，接线要牢固可靠，绝缘可靠，避开高温区域、振动部件、易刮擦位置。

参 考 文 献

[1] 冯培林. 汽车美容. 北京：化学工业出版社，2015.
[2] 陈远吉. 汽车美容师快速入门30天. 北京：机械工业出版社，2015.
[3] 宋孟辉. 汽车美容与装饰技能与实例. 北京：化学工业出版社，2015.
[4] 李昌凤. 汽车美容与装饰完全图解. 北京：机械工业出版社，2015.